沖縄語の入門

音声
DL版
↓

たのしいウチナーグチ

西岡 敏
仲原 穣 ｜著

伊狩 典子
中島 由美 ｜協力

白水社

はじめに

　沖縄の言葉を学んでみませんか.

　沖縄の言葉は，そこで生まれ育った人々にとってかけがえのない
ものであることはもちろんですが，私達「ヤマト」（沖縄語で，沖縄以
外の日本のことをヤマトゥ yamatu といいます．この本では便宜上ヤマトと表記
します）の民にとっても大切な宝物です．沖縄の人々が方言で話し
ているのを初めて聞くと，ヤマトの人には何を言っているのかさっ
ぱりわからないかもしれません．言葉だけでなく，文化的にも異な
るところがたくさんありますから，外国へでも行ったように感じる
かもしれません．でも，沖縄の言葉は英語などのような外国語とは
違います.

　普通の日本人が英語を勉強するには，発音から何からひとつひと
つ覚えなければなりません．しかし，たとえばドイツ人が英語を学
ぶときには，自然にわかる部分がたくさんあり，さらにちょっとし
た説明があれば，理解が大いに進むはずです．それは英語とドイツ
語が同じ系統の言語で，元がつながっている，親類同士の言語だか
らなのです.

　ヤマトの言葉と沖縄の言葉の関係も，それと同じです．このふた
つの言葉は，遅くとも 6 世紀頃から別々の道を辿り始めたと考えら
れます．それから千年以上，異なる社会や文化を営み，育んだ結果，
一方で失われてしまった古い言葉が他方に残ったり，両方が新しい
言い方を発達させたりして，今日に至っているわけです．ですから，
よく聞けばなんとなくわかったり，説明を聞けば，「ああそうか」
と思うことがたくさんあるはずなのです.

このように，沖縄の言葉とヤマトの言葉が，血のつながった兄弟として身近に存在しているということは，お互いにとって大変幸せなことであり，両者を比べることによって，それぞれの歴史を詳しく知ることもできるのです．

本書は，沖縄の言葉を研究しているヤマトゥンチュ（ヤマトの人）と，沖縄で生まれ，古い文化に興味を持ちながら育ち，方言研究の道に進んだウチナーンチュ（沖縄の人）の二人の若者が作った，沖縄の言葉の案内書です．二人とも沖縄の言葉の面白さをより多くの人と分かち合いたいと考え，できる限りやさしく，楽しく，なおかつたくさんの事柄が学べるよう，いろいろな工夫を凝らしてみました．沖縄の好きなヤマトの方だけでなく，もしかしたらあまり方言を使わなくなってしまった沖縄の若い方も，一緒にこの豊かな文化に触れてみませんか．私たちを取り巻く言語文化の豊かさを，直接味わってみませんか．

中島由美

本書の音声は白水社のウェブサイトで無料で聞くことができます。
https://www.hakusuisha.co.jp/news/okinawago
ユーザー名：okinawago
パスワード：9992

＊本書に掲載の情報の一部は 2006 年の「CD 付改訂版」刊行時の情報をもとにしています。

装丁　宜壽次美智
本文イラスト　牧かほり

目次

はじめに……………………………… 2
この本の使い方……………………… 7

I

1. ニヌファブシ（北極星）……… 10
　①アイウエオはアイウイウ：三母
　　音の原則 ………………………… 11
　②「前」はメー ………………… 12
　③「きよらさ」はチュラサ：口蓋
　　化 ……………………………… 12
　④ヌとガ：「～が」…………… 13
　⑤指示語 ………………………… 14
　◎沖縄語にみる星・天体 ……… 16
　練習問題 ………………………… 17

2. スムチ（書物）………………… 18
　①1音の単語は長く発音する 20
　②形容詞の終止形はサン …… 20
　③サ形容詞の活用 …………… 21
　④動詞の禁止形 ……………… 22
　⑤動詞の命令形 ……………… 22
　⑥動詞の否定形 ……………… 23
　⑦ラ行動詞 …………………… 23
　◎沖縄語と共通語，沖縄語と古語
　　…………………………………… 24
　　練習問題 …………………… 25
　◎沖縄語のアクセント…………… 26
　◎オーとウー（開音と合音）…… 27

3. アシビ（遊び）………………… 28

①「リ」は「イ」になる …… 30
②ア行とワ行のウ，ア行とヤ行の
　イは沖縄語では違う ……… 30
③助詞「ヤ」が付くときの音変化 31
④動詞の終止形 ……………… 32
⑤動詞の連体形 ……………… 33
⑥係り結びの法則 …………… 33
⑦目的語に助詞は何も付かない 34
◎サンシン（三線）…………… 34
練習問題 ……………………… 35

4. ジン（お金）…………………… 36
①「～に」……………………… 38
②動詞の語幹 ………………… 39
③動詞の志向形（意志・勧誘の表
　現）………………………… 40
④「～しないか」……………… 41
⑤疑問詞 ……………………… 41
⑥疑問文 ……………………… 42
練習問題 ……………………… 43
◎指小辞「グヮー」…………… 44
◎「ンN」の正体は？ ………… 45

5. マチヤ（お店）………………… 46
①「豚」と「私」の区別：声門閉
　鎖音（グロッタル・ストップ）… 48
②「皮」はカー：長音化 …… 49
③ヤンとヤイビーン ………… 49
④サ形容詞の丁寧形 ………… 50
⑤連用形と連用語幹 ………… 50
⑥尾略形 ……………………… 51

— 4 —

◎豚の食文化 ・・・・・・・・・・・・・ 52
練習問題 ・・・・・・・・・・・・・ 53

6. ヤンメー（病気） ・・・・・・・・・ 54
①「～して」：テ形 ・・・・・・・ 56
②「～した」と「～している」：過
　去形と継続形 ・・・・・・・・・・・ 57
③過去の否定形・疑問形 ・・・・・ 58
④サ形容詞の過去形 ・・・・・・・・・ 59
⑤ナ形容詞（形容動詞）の活用 ・・ 59
⑥ッシとサーニ：手段・道具の助
　詞 ・・・・・・・・・・・・・・・・・・・ 60
⑦禁止のナ・希望のナ・問いかけ
　のナー ・・・・・・・・・・・・・・・ 60
◎人称代名詞 ・・・・・・・・・・・・・ 61
◎沖縄の薬用動植物 ・・・・・・・・・ 62
練習問題 ・・・・・・・・・・・・・ 63
◎イビーンとミソーリ ・・・・・・・・・・・・ 64

Ⅱ

7. イサガナシ（お医者さん） ・・・・・・ 66
①敬語1：動詞の丁寧形 ・・・・・・・・ 69
②アンとウゥン ・・・・・・・・・ 70
③敬語2：継続形の丁寧形 ・・・・・ 71
④「～して」のもうひとつの形：
　アーニ形 ・・・・・・・・・・・・・・・ 72
⑤クトゥとシガ：順接・逆接 ・・・ 72
⑥「～すれば」：条件文 ・・・・・・・ 73
◎病気のときに使う表現／ヤブ
　ー／沖縄病 ・・・・・・・・・・・・・ 74
◎救荒食物としての蘇鉄 ・・・・・・ 76
練習問題 ・・・・・・・・・・・・・ 77

8. イユグムイ（魚池〔龍潭〕） ・・ 78

①不規則動詞 ・・・・・・・・・・・・・ 81
②継続・過去形 ・・・・・・・・・・・・・ 83
③ショッタ形 ・・・・・・・・・・・・・ 84
④「～しなければならない」・・・ 84
⑤「～で」：場所の助詞 ・・・・・・ 85
⑥ッチュとックヮ ・・・・・・・・・・・・・ 85
◎ウグシクとイユグムイ ・・・・・・ 86
◎あいさつ ・・・・・・・・・・・・・・・ 86
練習問題 ・・・・・・・・・・・・・ 87
◎感嘆詞・・・・・・・・・・・・・・・・・・・・・ 88
◎文法化 ・・・・・・・・・・・・・・・・・・・ 89

9. ウシーミー（清明祭） ・・・・・・・・・ 90
①家族・親族を表わす言葉 ・・ 92
②士族と平民 ・・・・・・・・・・・・・ 94
③「～の」 ・・・・・・・・・・・・・・・ 95
◎ウシーミーって何？ ・・・・・・・ 97

10. スグラッタン（殴られた） ・・・ 98
①サ形容詞の否定形・動詞継続形
　の否定形 ・・・・・・・・・・・・・・・101
②「～しに」と「～すると」・・・102
③「～される」：受身 ・・・・・・・・・102
④「～させる」：使役 ・・・・・・・・・103
⑤推量形：係り結び2 ・・・・・・104
⑥沖縄語の助動詞 ・・・・・・・・・・・104
◎フィージャー ・・・・・・・・・・・・106
練習問題 ・・・・・・・・・・・・・107

11. スバ　カミーガ（そばを食べに）
　・・・・・・・・・・・・・・・・・・・・・・・108
①敬語3：尊敬語・・・・・・・・・・・・110
②カイとンカイの違い ・・・・・・・113
③助詞「カラ」 ・・・・・・・・・・・・・113
◎沖縄そば ・・・・・・・・・・・・・・・114

練習問題 ……………… 115

12. ニフェーデービル（ありがとう ございます）……………… 116
① m と n の交替 ……………… 119
②敬語4：謙譲語 ……………… 119
③〜デービル ……………… 121
④「〜してしまった」……………… 121
⑤ワーとワン ……………… 122
練習問題 ……………… 123
◎誤解のウチナーグチ ……………… 124
◎さまざまな「私」……………… 125
◎応答の言葉 ……………… 126

Ⅲ

13. 応用① 琉球料理 ……………… 128
◎琉球料理の名称 ……………… 133
◎食文化にみるアメリカの影響 136
◎泡盛 ……………… 136

14. 応用② マチグヮー（市場）138
◎マチグヮー ……………… 143
◎食事の時には ……………… 143

15. 応用③ 昔ばなし ……………… 144
◎渡嘉敷ペークー ……………… 147
◎沖縄の民話 ……………… 148
◎沖縄語クロスワード ……………… 149

16. 応用④ 瓦版 ……………… 150
◎「瓦版」……………… 154
◎「方言ニュース」……………… 155

17. 鑑賞① 琉歌 ……………… 156
◎琉歌 ……………… 158
◎沖縄の童謡 ……………… 159
◎琉球舞踊と琉歌 ……………… 159
◎今帰仁御神 ……………… 160

18. 鑑賞② 民謡 ……………… 162
◎汗水節 ……………… 167
◎民謡の言葉 ……………… 168
◎漲水のクイチャー／鷲の鳥節 168
◎宮古・八重山の言葉の特徴 169

19. 鑑賞③ 歌劇 ……………… 170
◎沖縄芝居 ……………… 173
◎琉球歌劇 ……………… 174
◎「泊阿嘉」……………… 174

20. 鑑賞④ 組踊／おもろさうし 176
◎組踊「執心鐘入」……………… 178
◎「おもろさうし」……………… 182

動詞活用表「持つ」……………… 184
サ形容詞活用表「高い」……………… 184
沖縄の人名・地名 ……………… 186
言語地図 ……………… 188
数詞 ……………… 190
年中行事 ……………… 191
カナ・ローマ字表記対照表 ……… 192

練習問題解答 ……………… 194
沖縄語クロスワード解答 ……………… 197
単語集 ……………… 198
主要参考文献 ……………… 210

この本の使い方

この本で扱う沖縄語とは

　沖縄の人々は自分たちの言葉をウチナーグチと呼んでいます．ウチナーは沖縄，クチは口，すなわち言葉を意味します．

　ひとくちにウチナーグチと言っても，その中身は複雑です．沖縄県は沖縄本島のほか，本島周辺の島々，宮古諸島，八重山諸島など数多くの島々から成り立っており，そしてそれぞれのシマ（集落）ごとに独自の言葉が育まれていました．沖縄本島および周辺地域の言葉は鹿児島県の奄美諸島の言葉とともに北琉球方言に分類されますが，宮古や八重山の言葉は南琉球方言に分類されます．沖縄本島の言葉と宮古や八重山の言葉とは深い関係があるのですが，それでも語彙，発音，アクセントなどに大きな違いがあります．したがって，琉球列島の言葉すべてをひっくるめて「ウチナーグチ」と言うことも実は難しいのです．

　この本で扱うウチナーグチは，琉球列島全体でも比較的通じやすい言語であり，琉球王国の文芸や芸能の中心的な言語でもあった首里の方言をベースにしています．本当はそれぞれのシマクトゥバ（シマの言葉）の本が編まれるべきなのかもしれませんが，1冊の入門書では不可能ですし，まず本書をマスターすることは，他の地域の言葉を知る上でも必ず役に立つはずです．

テキストの表記方法について

　沖縄語には，現状では正書法と呼ばれるものがありません．本書では，テキストの表記は原則としてカタカナとローマ字を併用しています．6課までは，沖縄語に慣れていただくために漢字カナ交じり文も載せました．「応用」「鑑賞」の課では，原テキストが漢字カナ交じり

—7—

文で書かれてあるものについては一部手を加えて載せ，さらにルビを付けるなど，理解しやすいように表記を工夫しています．

　ローマ字による表記には，沖縄語独特の発音を示すために一部特殊な記号を使っています．たとえば「’」は声門閉鎖音（グロッタル・ストップ）という，のどを一瞬閉めるようにして出す音を表わしています（これについては第5課で説明します）．また，長い母音は aa，ee など母音を重ねて示し，「ン」は N で表記しました．192 頁にカナ・ローマ字表記対照表を付しましたので参照してください．

【単語】の記号について

　各課には例文に使われている言葉を【単語】の項目にまとめてあり，必要に応じて以下のような記号を付してあります．

- ● ……動詞や形容詞の終止形など辞書に載っている形．
- ★ ……その課の【解説】で詳しく説明されている単語．
- ← ……複合語がどんな単語から成り立っているかを示す．
- ＜ ……語源を示す．

音声ダウンロードについて

　本書にはウェブサイトで聞ける音声があり，録音されている箇所には **DL** 1というような記号が付されています．音声を繰り返し聴けば自然に沖縄語の発音になじむことができます．第1課〜第16課は伊狩典子さんと富名腰久雄さんによって吹き込まれ，第18課以降の琉歌・民謡・歌劇・組踊はラジオ沖縄のライブラリーから音源をお借りしました．詳しくは奥付をごらんください．

　沖縄らしさを音で味わえる楽しい音声になっていますので，ぜひご利用ください．

I

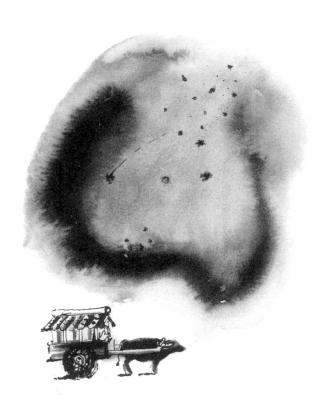

1
[ティーチ tiichi]

■ ニヌファブシ
ninuhwabushi

────────── 北極星

まずは以下の会話文を読んでみてください.
意味がわかりますか？

DL 2

（1）A: アレー　ヌー　ヤガ？
'aree nuu ya-ga?

（2）B: アヌ　フシヌ　ナーヤ　ニヌファブシ　ヤサ.
'anu hushi-nu naa-ya ninuhwabushi ya-sa.

ユル　フニ　ハラスル　トゥチネー,
yuru huni harasuru tuchi-nee,

アリガ　ミアティ　ヤンドー.
'ari-ga miati yaN-doo.

（3）A: ヤンナー.
yaN-naa.

アンシ　フシヌ　チュラサンヤー.
'aNshi hushi-nu churasaN-yaa.

（4）B: ヤサ！　チューヤ　タナバタ　ヤタッサー.
ya-sa! chuu-ya tanabata yata-ssaa.

— 10 —

さっぱりわからない，と頭をかかえるのはちょっと待ってくださ
い．沖縄語もヤマトの言葉も元は同じ，共通する部分はたくさんあ
るのですから，ちょっとしたポイントをおさえておけば，一見暗号
のような音の羅列もパッと意味がひらけてきます．

　試しに漢字カナ交じり文にしてみましょう．これならだいぶ意味
がつかめますね．

（1）A:　アレー　何_{ヌー}　ヤガ？
（2）B:　アヌ　星_{フシ}ヌ　名_{ナー}ヤ　北極星_{ニヌファブシ}　ヤサ．
　　　　夜_{ユル}　舟_{フニ}　走_ハラスル　時_{トゥチ}ネー，
　　　　アリガ　目当_{ミアティ}　ヤンドー．
（3）A:　ヤンナー．
　　　　アンシ　星_{フシ}ヌ　美_{チュラ}サンヤー．
（4）B:　ヤサ！　今日_{チュー}ヤ　七夕_{タナバタ}　ヤタッサー．

【解説】

① アイウエオはアイウイウ：三母音の原則

　「舟」「星」について，共通語と沖縄語を比べてみましょう．

　　「舟」　　フネ　hune　　　フニ　huni

　　「星」　　ホシ　hoshi　　フシ　hushi

上の対比から，母音の違いについて次のことがわかります．

　1）共通語のエは沖縄語のイにあたる

　2）共通語のオは沖縄語のウにあたる

　この二つは，沖縄語を理解するための第一歩です．沖縄語の母音
は原則としてア，イ，ウの三つ．ですから，アイウエオは沖縄では
アイウイウとなるのです．これを「三母音の原則」と呼ぶことにし

— 11 —

ます.

このことを知っていれば，他の単語も意味がわかるでしょう．例えば（2）のユル yuru はヨル yoru，つまり「夜」，ミアティ miati はメアテ meate，つまり「目当て」のことなのですね.

②「前」はメー

では，沖縄語にエやオはないのでしょうか．関東なまりで「知らない」を「知らねー」と言うことがあるように，沖縄語でもアイやアエがエーになります．このように，二つの母音が合わさってひとつになる現象は，ヤマトでもみられることなのです．沖縄では次のような変化によってできた，長い母音のエーとオーがあります.

1) 共通語のアイ ai，アエ ae は沖縄語ではエー ee

     ダイ〈台〉dai   デー dee

     マエ〈前〉mae   メー mee

2) 共通語のアウ au，アオ ao は沖縄語ではオー oo

     カウ〈買う〉kau   コーユン kooyuN

     サオ〈竿〉sao   ソー soo

また，ヤマトから入った言葉にも，エやオが含まれています.

③「きよらさ」はチュラサ：口蓋化

代表的な沖縄語のひとつ，「チュラサ」（終止形はチュラサン）は〈美しい〉という意味で，ヤマトの「清らさ」とつながっています．三母音の原則からすると，「きよらさ kiyorasa」はキユラサとなるはずですが，実際にはチュラサ churasa ですし，また「時 toki」もトゥチ tuchi になっています．このように，ヤマトの k に ch が対応して

— 12 —

いる例はたくさんあります．この変化で大切なのは，変化する音の近くに i の母音があることです．母音 i の前後で子音が変化することを「口蓋化」といいます．k が ch と対応している以外では，g が j，t が ch，d が j に対応しています．

　　　イカ 'ika〈烏賊〉　　　イチャ 'icha

　　　クギ kugi〈釘〉　　　　クジ kuji

　　　シタ shita〈下〉　　　　シチャ shicha

　　　アシダ 'ashida〈足駄．下駄のこと〉　　アシジャ 'ashija

　この対応は「きゃ kya」「きゅ kyu」「きょ kyo」などの音にも見られます．これは，y が i の発音と似ているためです．

　　　きゃく kyaku〈客〉　　　　　チャク chaku

　　　りゅうきゅう ryuukyuu〈琉球〉　リューチュー ryuuchuu

　　　きょう kyoo〈今日〉　　　　　チュー chuu

　いかがですか．これでまただいぶわかる語彙が増えるでしょう．

④ヌとガ：「〜が」

　　　フシ**ヌ**　チュラサンヤー．〈星が美しいなあ．〉

　ヌ nu は共通語の「の」にあたる助詞ですが，沖縄語のヌは共通語の「の」と違って，上のような使い方ができます．

　意味としては共通語の「が」のような主語につく助詞です．沖縄語にも同じようなガ ga はあるのですが，上の例の場合は使えません．ヌとガは次のように使い分けられます．

　ガ ga……主語が人であるとき，代名詞のときに用いる

　　　ナビー**ガ**　ワラユン．〈ナビー（女性名）が笑う．〉

　　　アリ**ガ**　ミアティ　ヤンドー．〈あれ（代名詞）が目印だよ．〉

— 13 —

ヌ nu……主に一般名詞のときに用いる

フシ**ヌ** チュラサンヤー.〈星（一般名詞）がきれいだなあ.〉

「星ヌ名」のヌは共通語の「の」と同じ用法です.

⑤ 指示語

アリ 'ari〈あれ〉は指示語と呼ばれる言葉のひとつです. 指示語は共通語でも「これ」「この」「ここ」などのようにいろいろな使い方をしますが, 沖縄語でよく使われるものを下にまとめますので, 参考にして下さい.

用法 ＼ 場所	近称	中称	遠称
物・事・人	クリ kuri 〈これ〉	ウリ 'uri 〈それ〉	アリ 'ari 〈あれ〉
連体	クヌ kunu 〈この〉	ウヌ 'unu 〈その〉	アヌ 'anu 〈あの〉
場所	クマ kuma 〈ここ〉	ッンマ 'Nma 〈そこ〉	アマ 'ama 〈あそこ〉

＊人を指す場合, クリは〈この人〉, ウリは〈その人〉, アリは〈あの人（彼・彼女）〉を意味します.

　前述の通り, 沖縄語では共通語のエ e がイ i に, オ o がウ u になりますが, 例外的なものもあります. 共通語のス su, ズ zu, ツ tsu は原則からするとそのままのはずですが, それぞれシ shi, ジ ji, チ chi となります. つまり, この三つの場合にはウがイになるのです. ですから,「墨」はシミ shimi,「水」はミジ miji,「綱」はチナ china となります.（ただし, 沖縄古典では**スィミ** simi, **ミズィ** mizi, **ツィナ** tsina と発音します.）

それでは第1課の単語と訳をまとめておきます.

【単語】

アレー 'aree　あれは. ←アリ＋ヤ（→第3課）

●アリ 'ari［代名詞］　あれ. 彼. ★⑤

●ヤ ya［助詞］　～は.

ヌー nuu［疑問詞］　何.

ヤガ ya-ga　～であるか. ←ヤン＋ガ

●ヤン yaN　～である. そうである.

●ガ ga［助詞］　～か. 疑問の終助詞.

アヌ 'anu［代名詞］　あの. ★⑤

フシ hushi［名詞］　星.

ヌ nu［助詞］　～の. ～が. ★④

ナー naa［名詞］　名.

ニヌファブシ ninuhwabushi［名詞］　北極星. ＜子（ね）の方星

ヤサ ya-sa　～だよ. ←ヤン＋サ

●サ sa［助詞］　～よ.

ユル yuru［名詞］　夜. ★①

フニ huni［名詞］　舟. ★①

ハラスル harasuru　走らせる.

トゥチ tuchi［名詞］　時. ★③

ネー nee　～には. ←ニ＋ヤ

ガ ga［助詞］　～が. ★④

ミアティ miati［名詞］　目当て. 目印. 頼り. ★①

ドー doo［助詞］　～よ.

ナー naa［助詞］　～の. 問いかけ, 念押しを表わす.

アンシ 'aNshi［副詞］　そんなに. なんと.

チュラサン churasaN［サ形容詞］　美しい. ★③

ヤー yaa［助詞］　～ね.

ヤサ ya-sa　そうだ.

チュー chuu［名詞］　今日.

タナバタ tanabata［名詞］　七夕. お盆前の墓参, 墓地の掃除などを行なう.

ヤタッサー yata-ssaa　～だったよ. ←ヤンの過去形ヤタン＋ッサー

●ッサー ssaa［助詞］　～よ.

【訳】

（1）A:　あれは何かな？

（2）B:　あの星の名は北極星だよ.
　　　　夜に船を走らせる時には, あれが目印だよ.

（3）A:　そうなの.
　　　　本当に星がきれいだなあ.

（4）B:　そうだ！　今日は七夕（旧暦の7月7日）だったよ.

— 15 —

ナカユクイ *nakayukui* 〈一休み〉

■沖縄語にみる星・天体

　ティーダ〈太陽〉が西に沈むとユサンディ〈夕暮れ〉が訪れます．空はユサンディアカガイ，ユサンディアケーイと表現される〈夕焼け〉で真っ赤に染まります．このたそがれ時や薄暮をアコークローとも表現しますが，これは昼と夜との不安定な状態やものさびしさを表しています．

　宵の明星はユーバンマンジャーといいます．直訳では〈夕食をのぞき込むもの〉で，日が暮れると姿を現す金星のことです．夕食時に出現し，天上から各家庭の夕食をのぞき込んでいるかのような金星の輝きをうまく表現しています．

　金星よりも大きくて明るく輝く月はチチといいます．方言によっては「つきよ（月夜）」から音変化したチチューで月を表現することもあります．

　夜空にはティンガーラ〈天の川〉が広がり，ニヌファブシ〈北極星〉の他，ナナチブシ〈北斗七星〉やブリブシ〈群星〉たちが夜空を飾ります．ときにはホーチブシ，イリガンブシと呼ばれる彗星を目にすることもあります．ホーチは〈箒〉のことですが，イリガンとは〈髪を結う際に入れる「入れ髪」〉のことで，どちらもそれに似ていることから名付けられたようです．

　東の空から次第に明るくなってくると明け方です．夜空の星が見えなくなり，夜空にはアカチチブシ〈明けの明星〉がかろうじて星の光を保っています．

— 16 —

練習問題

1. 母音に注意して，次の語を沖縄語に直しなさい．

   　いろ〈色〉　おや〈親〉　こめ〈米〉

   　そで〈袖〉　はこ〈箱〉　よめ〈嫁〉

2. 母音に注意して，次の語を沖縄語に直しなさい．

   　あんばい〈案配〉　たいがい〈大概〉　まいねん〈毎年〉

3. 子音に注意して，次の語を沖縄語に直しなさい．

   　たんき〈短気〉　きも〈肝〉　いた〈板〉

   　むぎ〈麦〉　みっか〈3日〉　いとこ〈従兄弟・従姉妹〉

4. （　　　）内に適当な助詞（ガ・ヌ）を入れなさい．

   　a. アリ（　　　）コーユン．〈彼が買う．〉

   　b. ティン（　　　）チュラサン．〈天（空）が美しい．〉

   　c. フィサ（　　　）マギサン．〈足が大きい．〉

今日のことわざ

イチャリバ　チョーデー
'ichari-ba　choodee
（出会ったならば兄弟）

　イチャリバ 'ichari-ba は動詞イチャユン 'ichayuɴ〈行き会う，出会う，会う〉の仮定表現で「行き会えば」の意です．チョーデー choodee は「兄弟」のキョー kyoo がチョー choo となり（**解説③参照**），ダイ dai がデー dee となったもの（**解説②参照**）．縁があって一度出会った人であれば，みな兄弟みたいなものなんだ，という，沖縄の人々の心意気が感じられることわざです．

— 17 —

2 スムチ
[ターチ taachi] sumuchi

書物

DL 3

(1) A: アハハハハ.
'ahahahaha.

(2) B: カシマサン. ハー ミシティ ワランナ.
kashimasaɴ. haa mishiti waraɴ-na.

(3) A: クヌ マンガー, ウムサンドー.
kunu maɴgaa, 'umusaɴ-doo.

(4) B: アンシェー, クマンカイ カラシ.
'aɴshee, kuma-ɴkai karashi.

(5) A: ナーダ ユデーウゥラン. イチュター マティ.
naada yudee-wuraɴ. 'ichutaa mati.

(6) B: フェーク ユメー！
hweeku yumee!

(7) A: チーベーサヌ. アギマーサンケー！
chiibeesanu. 'agimaasaɴ-kee!

— 18 —

【単語】

スムチ sumuchi［名詞］　本．＜書物

カシマサン kashimasaN［サ形容詞］
　　うるさい．

ハー haa［名詞］　歯．★①

ミシティ mishiti　見せて．

ワランナ waraN-na　笑うな．★⑦

クヌ　kunu［代名詞］　この．

ウムサン 'umusaN［サ形容詞］　面白
　　い．★②

アンシェー 'aNshee［接続詞］　それ
　　なら．それでは．←アンシ＋ヤ

クマ kuma［代名詞］　ここ．こちら．

ンカイ Nkai［助詞］　〜に．方向を表
　　わす．（→第４課）

カラシ karashi　カラスンの命令形．
　　★⑤

●カラスン karasuN［動詞］　貸す．
　　＜借らす　★ナカユクイ

ナーダ naada［副詞］　まだ．

ユデーウゥラン yudee-wuraN　読んで
　　いない．ウゥランはウゥンの否定
　　形．★⑥

●ウゥン wuN［動詞］　いる．

イチュター 'ichutaa［副詞］　ちょっ
　　との間．

マティ mati　待て．★⑤

●マチュン machuN［動詞］　待つ．

フェーク hweeku　フェーサンの連用
　　形．★③

●フェーサン hweesaN［サ形容詞］
　　　早い．★ナカユクイ

ユメー yumee　読め．★⑤

チーベーサヌ chiibeesanu　チーベー
　　サンのヌ形．★③

●チーベーサン chiibeesaN［サ形容詞］
　　　気が短い．＜気早さ

アギマーサンケー 'agimaasaN-kee　急
　　かすなよ．アギマーサンはアギマ
　　ースンの否定形．動詞の否定形＋
　　ケーで，「〜せずにおけ→〜するな」
　　の意味になる．

●アギマースン 'agimaasuN［動詞］
　　せかす．

【訳】

(1)　A:　あはははは．

(2)　B:　うるさい．歯を見せて笑うな．

(3)　A:　この漫画は，面白いぞ．

(4)　B:　それなら，こっちに貸せ．

(5)　A:　まだ読んでいない．ちょっと待て．

(6)　B:　早く読めよ！

(7)　A:　気が短いんだから．せかすなよ！

（1）A： アハハハハ.

（2）B： 喧サン. 歯 見シティ 笑ンナ.
　　　　 ^(カシマ)　　　 ^(ハー)　 ^(ミ)　　　 ^(ワラ)

（3）A： クヌ 漫画ー 面白サンドー.
　　　　　　 ^(マンガ)　 ^(ウム)

（4）B： アンシェー, クマンカイ 貸ラシ.
　　　　　　　　　　　　　　　 ^(カ)

（5）A： 未ダ 読デー居ラン. イチュター 待ティ.
　　　　 ^(ナー)　 ^(ユ)　 ^(ウゥ)　　　　　　　　 ^(マ)

（6）B： 早ク 読メー！
　　　　 ^(フェー)　 ^(ユ)

（7）A： 気早サヌ. 急 サンケー！
　　　　 ^(チーベー)　 ^(アギマー)

【解説】

① 1音の単語は長く発音する

　〈歯〉のように共通語で1音の単語は，沖縄語ではハー haa と長く発音されます．第1課で見たように音が変化しているものもあります．

　　　テ te〈手〉　ティー tii　　　　　メ me〈目〉　ミー mii

　　　ケ ke〈毛〉　キー kii　　　　　キ ki〈気〉　チー chii

② 形容詞の終止形はサン

　共通語の形容詞は，終止形の語尾が「～い」になりますが，沖縄語ではサン -saN になります．

　　　アマサン ’amasaN〈甘い〉　アカサン ’akasaN〈赤い〉

　　　アササン ’asasaN〈浅い〉　クラサン kurasaN〈暗い〉

　ここでも三母音の原則を知っていればわかるものがたくさんあり

ますし，またヤマトの古語を思い出せばピンとくるものもあります
が，一方で共通語とまったく違う形のものもあります．

　　　ウムサン 'umusaN 〈面白い〉

　　　ウフサン 'uhusaN 〈多い〉（ヤマトの古語は「おほし」）

　　　カナサン kanasaN 〈いとしい〉（ヤマトの古語は「かなし」）

　　　アチサン 'achisaN 〈暑い〉（ツ→チの変化．14頁参照）

　　　マギサン magisaN 〈大きい〉

　　　イキラサン 'ikirasaN 〈少ない〉

　　語尾のサンはどのようにできたものなのでしょうか．アマサン
'amasaN〈甘い〉は「アマサ 'amasa ＋アン aN」に由来しており，この「ア
ン」は「有り＋ N」が変化したもののようです（N については 45 頁参照）．
共通語でも「甘かった」は「甘く＋有った」からできたもので，どち
らも「有る」との組み合わせがもとになっています．ただし，共
通語では「アマク」という形に付いているのに対して，沖縄語では「ア
マサ」という「～サ」の形に付いていますね．この「～サ」で終わ
る形は形容詞からさまざまな表現を作るもとになる大事な形ですの
で，特に **「サ語幹」** と呼び，このような特徴をもつ沖縄語の形容詞
のことを **「サ形容詞」** と呼ぶことにします．

③サ形容詞の活用

　　サ形容詞の活用のいくつかを，アマサン 'amasaN を例にとって見
てみましょう．前述の終止形は，サ語幹にン -N の付いた形でした．
名詞を修飾する連体形はサ語幹にル -ru を付けます．また，サ語幹
にヌ -nu を付けた沖縄語独特の形があり，「～だから」「～なので」「～
して」「～いよ」という理由や接続の意を表わします．これを **「ヌ形」**

— 21 —

と呼びます.

【サ語幹】　　　アマサ 'amasa

【終止形】　　　アマサン 'amasaN

【連体形】　　　アマサル 'amasaru

　アマサル　サーター 'amasaru saataa 〈甘い砂糖〉

【ヌ形】　　　　アマサヌ 'amasanu

　サーターヌ　アマサヌ saataa-nu 'amasanu

　〈砂糖が甘いので／砂糖が甘くて／砂糖が甘いよ〉

　動詞などをつなげる連用形は共通語と同じく「〜ク」または「〜シク」の形をとります.

【連用形】　　　アマク 'amaku

　　　　　　　　ハジカシク hajikashiku

　アマク　ナトーン. 'amaku natooN. 〈甘くなっている.〉

　ハジカシク　ウムユン. hajikashiku 'umuyuN.

　〈恥ずかしく思う.〉

④動詞の禁止形

　沖縄語の禁止形は，共通語と同じように終助詞ナ -na をつけて作ります. 母音の違いはもうわかりますね.

　カクナ kaku-na 〈書くな〉　　　タトゥナ tatu-na 〈立つな〉

　シヌナ shinu-na 〈死ぬな〉　　　ユムナ yumu-na 〈読むな〉

　フスナ husu-na 〈干すな〉

⑤動詞の命令形

　共通語の命令形は「書け」「立て」のようにエ段で終わりますが,

— 22 —

沖縄語ではカキ kaki〈書け〉のようにイ段で終わります．これも沖縄語の母音の特徴を考えればわかりますね．

ややぞんざいな命令の表現としては，カケー kakee のように長音化したエ段 -ee で終わる形があります．

タティ tati	タテー tatee	〈立て〉
シニ shini	シネー shinee	〈死ね〉
ユミ yumi	ユメー yumee	〈読め〉
フシ hushi	フシェー hushee	〈干せ〉

⑥動詞の否定形

否定形は，共通語の「〜ない」を「〜ン」にすると覚えてください．この「〜ン」は西日本でよく使われる否定形と同じですね．

カカン kakaN〈書かない〉	タタン tataN〈立たない〉
シナン shinaN〈死なない〉	ユマン yumaN〈読まない〉
フサン husaN〈干さない〉	トゥラン turaN〈取らない〉

⑦ラ行動詞

ラ行で活用する動詞を**ラ行動詞**と呼びます．共通語では「取る」「売る」などがこれにあたります．沖縄語ではこれ以外に，「笑う」など共通語で終止形が「う」で終わる動詞の多くもラ行で活用します．また，「見せる」なども下記のようにラ行動詞です．

トゥリ turi〈取れ〉，トゥラン turaN〈取らない〉

ワラリ warari〈笑え〉，ワララン wararaN〈笑わない〉

ミシリ mishiri〈見せろ〉，ミシラン mishiraN〈見せない〉

また，ラ行動詞の禁止形は，ナ -na の前でンNに変化しますので

— 23 —

注意してください．

　　トゥンナ tuN-na 〈取るな〉

　　ワランナ waraN-na 〈笑うな〉

　　ミシンナ mishiN-na 〈見せるな〉

ナカユクイ nakayukui 〈一休み〉

■沖縄語と共通語，沖縄語と古語

　これまでいろいろな音について，沖縄語と共通語の間に一定の関係のあることを見てきました．これは両者が密接な関係にあることを示す大事な証拠です．フェーサン hweesaN 〈早い〉のように共通語のハ行音が沖縄語でファ行音になっていることも，日本語の移り変わりを語る証拠として知られています．

　ただし，原則どおりにいかないものもあります．たとえばキー kii 〈木〉．沖縄式に音が長くなっていますが，k が ch（口蓋化）とならず，k のままです．同じ例にウキユン 'ukiyuN 〈起きる〉という語もあります．じつはこれ，古代日本語において「キ」の音が2種類（甲類・乙類）あったためではないかという説があります．一方の「キ」は口蓋化するが，もう一方は口蓋化しないというわけです．

　また，沖縄語と共通語で音に規則的な関係があれば，意味も同じことが多いのですが，かなり古い時代に分かれて今日に至っていますので，沖縄語に古風な意味が残っていたり（カナサン←かなし），新しい語法を発達させている語（カラスン←借ら＋す，「す」は古語で使役を表す助動詞）も数多くあります．

練習問題

1. 次の語を沖縄語に直しなさい.

    じ〈字〉　　な〈名〉　　た〈田〉

    ね〈根〉　　も〈藻〉　　す〈巣〉

2. それぞれ形容詞のサ語幹を参考にして,（　　）内を埋めなさい.

    【ウフサ 'uhusa〈多い〉】

    シナヌ（　　　）.〈砂が多い.〉

    【マギサ magisa〈大きい〉】

    （　　　）チンナン　〈大きいかたつむり〉

    【イキラサ 'ikirasa〈少ない〉】

    （　　　）, タラン.〈少ないので, 足りない.〉

3. 次の動詞を沖縄語の否定形, 命令形, 禁止形にしなさい. 三母音の原則にも注意しましょう.

    焼く yaku　　残す nokosu　　研ぐ togu

今日のことわざ

ミーヌ　イラー，クビ　ウゥーリ

mii-nu 'iraa, kubi wuuri

（実が豊かに入っているのなら，こうべを深く垂れよ）

  稲の穂は実がつまっているものほど, 地面へとたわみ, しなります. それと同じように, どんなに知恵を頭に詰め込んだ人間でも, 決して奢らず, 深くこうべを垂れる気持ちで人と付き合わなければならないと諭しています. 自然界の現象（稲の豊作）に対比させて, 人間界のあるべき礼節を託した典型的なことわざと言えましょう.

■ 沖縄語のアクセント ■

　本書の沖縄語は，首里方言をもとにしていますが，この方言の単語にはアクセントの区別が二種類あります．一つは中程度かやや低く始まって平らに続くアクセントで，平板型と言います．もう一つは高く始まって途中で下がるアクセントで，下降型と言います．本書では前者を (0)，後者を (1) という記号で示し，巻末の単語集に載せています．これらのアクセントの違いは，品詞の違いにかかわらず共通します．

キー (0)	〈木〉	マチュン (0)	〈待つ〉
キ¬ー (1)	〈毛〉	マチュ¬ン (1)	〈巻く〉
タカサン (0)	〈高い〉	チャー (0)	〈いつも〉
アカ¬サン (1)	〈赤い〉	チャ¬ー (1)	〈どう〉

　(0) のアクセントは平らな調子が続くパターンです．(1) のアクセントはふつう前から 2 番目の直後で下がります．ただし，キ¬ー（毛）などの 2 音からなる単語は，1 番前の直後で下がり，助詞「ヌ」〈～が〉などが付いたときには前から 2 番目の直後が下がり，キー¬ヌ〈毛が〉となります．

　(0) と (1) の区別は日本語のアクセントの歴史を辿るうえでも重要な区別となっています．アクセントが関わることでもう一つ．沖縄語には次のように音が伸びて発音する語があります．

マーミ (0)	〈豆〉	マーチ (0)	〈松〉	イーチュー (0)	〈糸〉
ウービ (0)	〈帯〉	サール (0)	〈猿〉	ムーク (0)	〈婿〉

　これら音が伸びた発音の原因にも，日本語のアクセントの歴史が深く関わっていると指摘されています．

■ オーとウー（開音と合音）■

　日本語は母音が連続するのを嫌います．「あうぎ（あふぎ）augi」が「オーギ oogi〈扇〉」へと変化したように，母音の連続を避けるためアウ au が長母音オー oo へと変化しました．この変化は，日本語では中世（鎌倉・室町時代）に頻繁におこりました．一方，「とうじ touji」が「トージ tooji〈冬至〉」，「けう（けふ）keu」が「キョー kyoo〈今日〉」となるように，ou や eu も長母音オー oo と変化しています．ところが，室町時代の言語資料によれば，この二つのオーは厳密に区別されています．一つは開音といい，「あう au」から変化した開き気味のオーで，発音はオとアの中間の音です．もう一つは「おう ou」や「えう（えふ）eu」から変化したオーで合音といい，通常のオーの発音です．

　この区別は日本語では江戸時代に無くなり，現在の共通語ではどちらから変化したものもオーとなり，両者を区別できません．しかし，沖縄語では現在でも区別しています．「あうぎ augi」が「オーギ 'oogi」を経て「オージ 'ooji〈扇〉」，「きゃうだい kyaudai」が「キョーデー kyoodee」を経てチョーデー choodee〈兄弟〉」となるように，沖縄語では「あう au」や「あお ao」から変化したものは「オー oo」となります．一方，「おう ou」や「おお oo」，「えう eu」から変化したものが「ウー uu」となるため，「とうじ touji」は「トゥージ tuuji〈冬至〉」，「けう（けふ）keu」は「キュー kyuu」を経て「チュー chuu〈今日〉」となります．つまり，現在の共通語で「おう・おお」と表記されて「オー」と発音される語は，沖縄語では「オー oo」と「ウー uu」の二つに分かれます．

3 アシビ
[ミーチ miichi] 'ashibi ——— 遊び

(1) タルーヤ メーナチ スムチ ユムン．
 taruu-ya meenachi sumuchi yumuN.

(2) ヤシガ，チューヤ スムチ ユマン．
 yashiga, chuu-ya sumuchi yumaN.

(3) チューヤ ウユウェーヌ イィー フィー ヤン．
 chuu-ya 'u-yuwee-nu yii hwii yaN.

(4) ウヌ カリーヌ フィーニ，
 'unu karii-nu hwii-ni,

 アレー サンシン フィチュン．
 'aree saNshiN hwichuN.

(5) シディニ ナー，
 shidini naa,

 ンナヤカ イッペー ディキトーン．
 Nna-yaka 'ippee dikitooN.

(6) タルーガ フィチュル サンシノー チチグトゥドゥ ヤル．
 taruu-ga hwichuru saNshinoo chichigutu-du yaru.

(7) アレー ウゥドゥイン ジョージドゥ ヤル．
 'aree wudui-N jooji-du yaru.

【単語】

アシビ 'ashibi［名詞］　遊び.

タルー taruu［人名］　太郎.

メーナチ meenachi［副詞］　毎日.

ユムン yumuN［動詞］　読む. ★④

ヤシガ yashiga［接続詞］　しかし. そうではあるが.

ユマン yumaN［動詞］　ユムンの否定形.

ウユウェー 'u-yuwee［名詞］　お祝い.

イィー yii［連体詞］　良い. ★②

ウヌ 'unu［代名詞］　その.

カリー karii［名詞］　めでたいこと. ＜嘉例

アレー 'aree　彼は. ←アリ＋ヤ★③

サンシン saNshiN［名詞］　三線. 沖縄三味線.

フィチュン hwichuN［動詞］　弾く.

シディニ shidini［副詞］　すでに.

ナー naa［副詞］　もう. もはや.

ンナ Nna［名詞］　皆.

ヤカ yaka［助詞］　～より. 比較を表わす.

イッペー 'ippee［副詞］　たいへん. とても. 語源は「一杯」か.

ディキトーン dikitooN　出来ている.

●ディキユン dikiyuN［動詞］　出来る. 上手い.

フィチュル hwichuru　フィチュンの連体形. ★⑤

サンシノー saNshinoo　三線は. ←サンシン＋ヤ★③

チチグトゥ chichigutu［名詞］　聞き惚れるほど素晴らしいもの. ＜聞き事

ドゥ du［助詞］　強意の係助詞. 文末を用言の連体形で係り結ぶ. ★⑥

ヤル yaru　ヤン〈～である〉の連体形. ★⑤⑥

ウゥドゥイ wudui［名詞］　踊り. ★①②

ン N［助詞］　～も.

ジョージ jooji［ナ形容詞］　上手.

【訳】

(1) 太郎は毎日本を読む.

(2) しかし，今日は本を読まない.

(3) 今日はお祝いの良い日だ.

(4) そのめでたい日に，彼は三線を弾く.

(5) すでにもう，みんなよりとても上手である.

(6) 太郎が弾く三線には聞き惚れる.

(7) 彼は踊りも上手なのだ.

(1) 太郎ヤ　毎日　書物　読ムン.

(2) ヤシガ，今日ヤ　書物　読マン.

(3) 今日ヤ　御祝ヌ　良一　日　ヤン.

(4) ウヌ　嘉例ヌ　日ニ，アレー　三線　弾チュン.

(5) 既ニ　ナー，皆ヤカ　イッペー　出来トーン.

(6) 太郎ガ　弾チュル　三線ノー　聞事　ドゥ　ヤル.

(7) アレー　踊イン　上手ドゥ　ヤル.

【解説】

①「リ」は「イ」になる

　沖縄語ではヤマトのレ re がリ ri になり，リ ri がイ i になります. ri から i の変化は第 1 課で説明した口蓋化と同じように，もともとの「リ」と，「レ」から変化してできた新しい「リ」とを区別しようとする力が働いて r の脱落が起こったと考えられます.

　　トリ〈鳥〉　　　トゥイ tui

　　アリ〈蟻〉　　　アイ 'ai

　　クダリ〈下り〉　クダイ kudai

　　オドリ〈踊り〉　ウゥドゥイ wudui

＊ただし，ri の前の母音が i のときは r は脱落しません.（キリ〈霧〉→チリ chiri）

②ア行とワ行のウ，ア行とヤ行のイは沖縄語では違う

　さて，ウゥドゥイ wudui という音にはもうひとつ面白い謎が隠されています. 共通語のオは沖縄語のウにあたるという原則からすれば, odori の o は 'u になるはずですが, 実際には wu になっていますね.

— 30 —

「おどり」の「お」は古くは「を」、すなわちワ行の wo であったと考えられるのです。

現在のヤマトではほとんど区別されないア行のウとワ行のウは、沖縄語ではきちんと区別されています。同様に、ア行のイとヤ行のイの音も区別されます。この本ではア行とワ行のウをそれぞれウ 'u, ウゥ wu, ア行とヤ行のイをイ 'i, イィ yi と表記します。 ⬛DL 5

　〈音〉ウトゥ **'u**tu 　　　〈夫〉ウゥトゥ **wu**tu

　〈胃〉イー **'i**i 　　　　〈良い〉イィー **yi**i

③助詞「ヤ」が付くときの音変化

　例文 (4) (7) のアレー 'aree は、アリ 'ari〈彼〉に助詞ヤ ya〈〜は〉が結びついたものです。このように、助詞「ヤ」が付いたときは、次のように音が変化します。

1) a（ア段）で終わるときはアー aa に

　　シマ shim**a** ＋ヤ ya　→　シマー shim**aa**〈島は〉

2) i（イ段）で終わるときはエー ee に

　　アミ 'am**i** ＋ヤ ya　→　アメー 'am**ee**〈雨は〉

3) u（ウ段）で終わるときはオー oo に

　　クム kum**u** ＋ヤ ya　→　クモー kum**oo**〈雲は〉

4) N（ン）で終わるときはノー noo に

　　サンシン saNshi**N** ＋ヤ ya　→　サンシノー saNshin**oo**〈三線は〉

　ただし、長音で終わるときは変化しません。

　　フィー hwii ＋ヤ ya →　フィーヤ hwii-ya〈日は〉

＊短母音の e や o で終わる沖縄語はまれですが、共通語や外来語など、母音 e で終わる語は i に、母音 o で終わる語は u に準じた変化をします。

— 31 —

1) 母音 e で終わるときはエー ee に
   コロッケ korokke ＋ヤ ya →コロッケー korokkee 〈コロッケは〉
2) 母音 o で終わる語はオー oo に
   ラジオ rajio ＋ヤ ya →ラジオー rajioo 〈ラジオは〉

④動詞の終止形

沖縄語では動詞の終止形は下のように語尾が -uN になります.

タルーヤ　スムチ　ユムン.　taruu-ya　sumuchi　yumuN.
〈太郎は本を読む.〉

カチュン kachuN 〈書く〉　　　　　カ行　〜チュン
フスン husuN 〈干す〉　　　　　　サ行　〜スン
タチュン tachuN 〈立つ〉　　　　　タ行　〜チュン
シヌン shinuN 〈死ぬ〉　　　　　　ナ行　〜ヌン
ユムン yumuN 〈読む〉　　　　　　マ行　〜ムン

ラ行動詞（23 頁参照）は，-uN の他に -iN という語尾の形があり，
現在ではこちらのほうが多く使われているようです.

トゥユン tuyuN，トゥイン tuiN 〈取る〉
ワラユン warayuN，ワライン waraiN 〈笑う〉

　　　　　　　　　　　　　　　　ラ行　〜ユン，〜イン

＊この本ではトゥイィン tuyiN ではなくトゥイン tuiN と表記することにします.
（yi が語頭ではなく語の中にある場合は i の音と通常区別されません.）

　語源的には，たとえばユムン yumuN は「ユミ yumi ＋ウゥン
wuN」に由来しています. ユミはユムンの連用形，ウゥンは「居り
wori ＋ N」（N については 45 頁参照）が変化した形と考えられています.

⑤動詞の連体形

　共通語では，動詞の終止形と連体形は同じですが，沖縄語では違う形になります．動詞の連体形は，終止形の -uN の部分を -uru（ラ行動詞は -iru も可）に変えて作ります．これは「読み＋居る」がもとになっていると考えられます．

　　　タルーガ　フィチュル　サンシン taruu-ga hwich**uru** saNshiN
　　　〈太郎が弾く三線〉

　　　カチュル kach**uru**〈書く〉　　　　　カ行　〜チュル
　　　フスル hus**uru**〈干す〉　　　　　　サ行　〜スル
　　　タチュル tach**uru**〈立つ〉　　　　　タ行　〜チュル
　　　シヌル shin**uru**〈死ぬ〉　　　　　　ナ行　〜ヌル
　　　ユムル yum**uru**〈読む〉　　　　　　マ行　〜ムル
　　　トゥユル tuy**uru**，トゥイル tu**iru**〈取る〉
　　　ワラユル waray**uru**，ワライル wara**iru**〈笑う〉
　　　　　　　　　　　　　　　　　　　　　　ラ行　〜ユル，〜イル

⑥係り結びの法則

　沖縄語には，古典でおなじみの「係り結び」が残っています．古語では，係助詞「ぞ」の後は動詞の連体形で結びますね．

　沖縄語でも，「ぞ」とおそらく関係のある係助詞ドゥ du の後の文末を連体形で結びます．例文の (6)(7) では助動詞ヤン（終止形）がドゥの結びでヤル（連体形）となっています．

　　　チチグトゥ　ヤン．chichigutu **yaN**.
　　　→チチグトゥドゥ　ヤル．chichigutu-**du yaru**.
　　　ジョージヤン．jooji-**yaN**.

— 33 —

→ジョージドゥ ヤル．jooji-**du yaru**.

⑦目的語に助詞は何も付かない

太郎は 本を 読む．

タルーヤ スムチ ユムン．taruu-ya sumuchi yumuN.

目的語の後には助詞を付けません．ヤマトでも文章を書くとき以外は，「本読む」のように目的語の後の助詞「〜を」はよく省かれますね．

ナカユクイ nakayukui〈一休み〉

■サンシン（三線）

　沖縄音楽の命とも言えるのが，サンシンです．ヤマトの武士は床の間に刀をかざったが，沖縄の士族は床の間にサンシンをかざった，と言われるほど大切にされました．14世紀頃に伝来してから百年後にはもう，首里王府の宮廷音楽のみならず，広く民衆の楽器として浸透していました．沖縄のサンシンがヤマトへ伝わって三味線となったといわれています．現在，サンシンの胴にはニシキヘビの皮を張ります．ヤマトの三味線は猫や犬の皮を張りますね．沖縄戦で，ほとんどすべてを失ったときでも，沖縄の人々は，空き缶を胴にしてサンシンを作り（「カンカラサンシン」と言われる），それを奏でながら歌うことで，戦争直後の厳しい生活を生き抜いたのです．

練習問題

1. 次の名詞に助詞「ヤ」を付けたときの音変化形を言いなさい.
   サバ saba 〈草履〉　シミ shimi 〈墨〉　タムン tamuN 〈薪〉

2. 次の動詞の終止形から連体形を作りなさい.
   マチュン machuN 〈待つ〉
   ヌムン numuN 〈飲む〉
   ウタユン 'utayuN 〈歌う〉

3. 係り結びの法則に注意して,（　）内を埋めなさい.
   ジードゥ　カチュ（　）. jii-du kachu(　). 〈字を書くのだ.〉
   スムチドゥ　ユム（　）. sumuchi-du yumu(　). 〈本を読むのだ.〉

今日のことわざ

カーゲー　カードゥ　ヤル
kaagee kaa-du yaru
（見た目の美しい容貌は皮にすぎない）

　とかく人は面食いで，女も男も見た目の美しさに惹かれてしまう
もの. ココロの美しさを見極めて選べるようにはなかなかなれない
ものです. 自分の好みの容貌のひとが，今上世界では見つからない
ので，こういうことわざで自らを納得させたのかもしれませんが.
このことわざには,「〜ドゥ〜ヤル」の「係り結び」が使われています.
「カーゲー」(←カーギ〈容貌〉＋ヤ, カーギは「影」に由来)の「カ」
と「カー」(皮)の「カ」で頭韻を踏んでいることにも留意しましょ
う. よく似た意味のことわざに,「チラカーギヤカ　チムグクル」(顔,
容貌の美しさより，心の美しさ)というのもあります. これも「チ」
で頭韻を踏んでますね.

4

[ユーチ yuuchi]

ジン
jiN

———————————————— お金

DL 6

(1) A：ジルーター　ヤーンカイ　アシビーガ　イカニ？
jiruu-taa yaa-Nkai 'ashibii-ga 'ikani?

(2) B：チューヤ　フィマヤクトゥ　シムンドー.
chuu-ya hwima-ya-kutu shimuN-doo.

(3) A：ヌーガナ　ムッチ　イチュミ？
nuugana mucchi 'ichu-mi?

(4) B：ジュースグヮートゥ　クヮーシグヮー
コーティカラ　イカ.
juusu-gwaa-tu kwaashi-gwaa kooti-kara 'ika.

(5) A：アイ！　ジンヌ　ネーラン.
ッヤー　ムッチョーミ？
'ai! jiN-nu neeraN. 'yaa mucchoo-mi?

(6) B：ワンニン　ネーランドー.　チャー　スガ？
waN-niN neeraN-doo. chaa su-ga?

(7) A：ナー, ジルーター　ヤーンカエー
アチャ　イカ.
naa, jiruu-taa yaa-Nkaee 'acha 'ika.

(8) B：ハッサミヨー！　タシカミティカラ　アビラニ！
hassamiyoo! tashikamiti-kara 'abirani!

— 36 —

【単語】

ジン jiN［名詞］　銭．お金．

ジルー jiruu［人名］　次郎．

ター taa［接尾語］　達．「誰々の家」
　というときは「誰々達の家」とい
　う表現をすることが多い．

ヤー yaa［名詞］　家．

ンカイ Nkai［助詞］　〜に．★①

アシビー 'ashibii　アシブンの連用
　形＋i

●アシブン 'ashibuN［動詞］　遊ぶ．

ガ ga［助詞］　〜しに．動詞の連用形
　あるいは連用形＋iに付く．（→第
　10課）

イカニ 'ikani　←イチュンの否定形イ
　カン 'ikaN ＋ i ★④

●イチュン 'ichuN［動詞］　行く．

フィマ hwima［ナ形容詞］　暇．

ヤクトゥ ya-kutu　←ヤン＋クトゥ

●クトゥ kutu［助詞］　〜から．〜の
　で．（→第7課）

シムン shimuN［動詞］　いい．＜元来
　は「済む」の意．そこから「承諾」
　の意味も表わすようになった．

ヌーガナ nuugana［名詞］　何か．

ムッチ mucchi　持って．

●ムチュン muchuN［動詞］　持つ．

イチュミ 'ichu-mi　←イチュン＋ミ

●ミ mi［助詞］　〜か．疑問の終助詞．
　★⑥

グヮー gwaa［指小辞］　小さいもの
　や愛らしいものに付ける指小辞．
　（→44頁）

トゥ tu［助詞］　〜と．

クヮーシ kwaashi［名詞］　菓子．

コーティ kooti　買って．

●コーユン kooyuN［動詞］　買う．

イカ 'ika　イチュンの志向形．★③

アイ 'ai［感嘆詞］　おや．驚きの気
　持ちを表わす．

ネーラン neeraN　無い．ネーン neeN
　とも言う．

ッヤー 'yaa［代名詞］　お前．君．

ムッチョーミ mucchoo-mi　持ってい
　るか．★⑥

ワン waN［代名詞］　私．

ワンニン waN-niN　私も．←ワン＋
　ニ＋ン （→第12課）

チャー chaa［疑問詞］　どう．＜如何．
　★⑤

スガ su-ga　←スン＋ガ

●スン suN［動詞］　する．

●ガ ga［助詞］　〜か．疑問の終助詞．
　★⑥

ンカエー Nkaee　←ンカイ＋ヤ

アチャ 'acha［名詞］　明日．

ハッサミヨー hassamiyoo［感嘆詞］
　おやまあ．あきれかえったときな
　どに発する語．

アビラニ 'abirani　←アビユンの否定
　形アビラン 'abiraN ＋ i ★④

●アビユン 'abiyuN［動詞］　「言う」
　の卑罵表現．

【訳】

(1) A：次郎の家に遊びに行かないか？
(2) B：今日は暇だからいいよ．
(3) A：何か持って行く？
(4) B：ジュースとお菓子を買ってから行こう．
(5) A：あら！　お金がない．お前持ってるか？
(6) B：私もないよ．どうする？
(7) A：もう，次郎の家には明日行こう．
(8) B：おやまあ！　確かめてから言わないか！

---

(1) A：次郎達　家ンカイ　遊ビーガ　行カニ？

(2) B：今日ヤ　暇ヤクトゥ　済ムンドー．

(3) A：何ガナ　持ッチ　行チュミ？

(4) B：ジュース小トゥ　菓子小
　　　買ーティカラ　行カ．

(5) A：アイ！　銭ヌ　無ーラン．
　　　ッヤー　持ッチョーミ？

(6) B：我ニン　無ーランドー．如何　スガ？

(7) A：ナー，次郎達　家ンカエー　明日　行カ．

(8) B：ハッサミヨー！　確カミティカラ　アビラニ！

【解説】

① 「〜に」

　「次郎の家に行く」というように，目的地をいうときに用いる助詞「に」にあたる語として，沖縄語では**ンカイ Nkai** がよく使われます．

— 38 —

ニ **ni** を使うこともありますが，こちらはやや文語的な表現です．

　　アマンカイ　イチュン．'ama-**Nkai** 'ichuN.〈あそこに行く．〉

　　アマ**ニ**　イチュン．'ama-**ni** 'ichuN.〈あそこに行く．〉

　なお，ンN で終わる名詞にンカイ Nkai やン N〈～も〉が付くとき
は，ンン N-N がヌン nu-N に変わるという規則があります．

　　チャタン chataN〈北谷（地名）〉＋ンカイ Nkai

　　→チャタヌンカイ chatanu-Nkai〈北谷に〉

　　カガン kagaN〈鏡〉＋ン N →カガヌン kaganu-N〈鏡も〉

②動詞の語幹

　動詞の活用形については第 2 課で禁止形・命令形・否定形，第 3
課で終止形と連体形について説明しました．ムチュン muchuN〈持
つ〉を例に，もう一度まとめて見てみましょう．

ムトゥナ **mutuna**〈持つな〉	【禁止形】
ムティ **muti**〈持て〉	【命令形】
ムテー **mutee**〈持て〉	【命令形】
ムタン **mutaN**〈持たない〉	【否定形】
ムチュン **muchuN**〈持つ〉	【終止形】
ムチュル（ムン）**muchuru (muN)**〈持つ（もの）〉	【連体形】

　ローマ字の部分に注目してください．ムトゥナ mutuna（禁止形）
からムタン mutaN（否定形）までのグループでは，mut- という部分
が共通しています．一方ムチュンとムチュルでは，much- という部
分が共通です．これらは動詞からさまざまな表現を作るもとになる
重要な形ですので，この本ではそれぞれ「**基本語幹**」「**連用語幹**」

— 39 —

と呼ぶことにします．「持つ」では，mut- が基本語幹（否定形から aN を取り除いたもの），much- が連用語幹（終止形から uN［ラ行動詞の場合は iN］を取り除いたもの）となります．

　基本語幹からは，禁止形・命令形・否定形の他に，次の③で登場する「志向形」を作ることができます．連用語幹からは，終止形や連体形の他に，後の課で見るように連用形や「尾略形」，「丁寧形」，「アーニ形」等の形を作ることができます．

　また，語幹にはこの他に「音便語幹」があり，例文のムッチ mucchi〈持って〉やムッチョーミ mucchoo-mi〈持っているか〉は音便語幹から作る形ですが，これについては第6課で説明します．

　この3つの語幹を理解すれば，もう動詞の活用はしめたもの．そのさまざまな形の作り方や使い方はこれからおいおい説明していきます．184 頁に「動詞活用表」を付しましたので，必要に応じて参照してください．

③動詞の志向形（意志・勧誘の表現）

　例文の（4）（7）に出てくるイカ 'ika〈行こう〉は，動詞イチュン 'ichuN の「志向形」です．志向形は，自分で「〜しよう」と意志を表現したり，相手に「〜しない（しません）か？」と誘いかけたりするときに用います．志向形は基本語幹 'ik- に a を付けて作ります（ということは，否定形イカン 'ikaN から否定の助動詞ン -N〈〜ない〉を除いた形，古典文法でいう**未然形**と同じ形です）．

【否定形】	【基本語幹】	【志向形】
カカン kakaN	kak-	カカ kaka〈書こう〉
ユマン yumaN	yum-	ユマ yuma〈読もう〉
ウキラン 'ukiraN	'ukir-	ウキラ 'ukira〈起きよう〉

— 40 —

④「〜しないか」

（1）のイカニ 'ikani〈行かないか〉は否定形イカン 'ikaN に疑問
を示す -i が付いたもので，やはり勧誘の際に用います．沖縄語では，
-i が共通語の「〜か」に相当しています．

　　　カカニ kakani〈書かないか〉

　　　ユマニ yumani〈読まないか〉

　　　ウキラニ 'ukirani〈起きないか〉

　例文（8）のアビラニ 'abirani も同じ形ですが，この場合はニュア
ンスが違って勧誘ではなく，「確かめてから言わないか！」と相手
を詰問する意味になっています．共通語の「〜しないか」にも同じ
ような使い方がありますね．

⑤疑問詞

　疑問詞とは「何」「誰」「どこ」などの総称で，文中の特定の部分
を質問するのに用いられます．疑問詞をつかった「どこに行くの？」，
「これは何ですか？」などの疑問文で尋ねられた場合，質問された
人の返答は「はい／いいえ」のような文ではなく，「○○へ行く」，「○
○です」のように答えなくてはなりません．

　沖縄語の主な疑問詞を以下に紹介しておきます．

〈誰〉ター taa，タッター tattaa（複数形）

〈いつ〉イチ 'ichi　〈いくつ〉イクチ 'ikuchi

〈どこ〉マー maa　〈どれ〉ジル jiru　〈何〉ヌー nuu

〈どの〉チャヌ chanu　〈どれだけ，いくら〉チャッサ chassa

〈どれほど〉チャッピ chappi，チャヌアタイ chanu-'atai

— 41 —

⑥疑問文

　「何を飲む（の）か？」「水を飲む（の）か？」のような疑問文の場合，共通語ではどちらの疑問文も文末の助詞は「（の）か」ひとつです．これに対して，沖縄語では疑問詞があるのとないのとで文末の助詞を使い分けています．

1）疑問詞を含む疑問文

　　文中で疑問詞が使われているとき，文末に「ガ ga」を付けます．

　　ヌー　ヌムガ？ nuu numu-ga?〈何を飲む（の）か？〉

2）疑問詞を含まない疑問文

　　文中に疑問詞が含まれていないとき，文末に「ミ mi」を付けると疑問の表現となります．

　　ミジ　ヌムミ？ miji numu-mi?〈水を飲む（の）か？〉

　この疑問文の場合，相手は単に「はい」または「いいえ」で答えます．例文(5)の「ムッチョーミ？」には疑問詞がないので，文末は「ミ」，(6)の「チャー　スガ？」では疑問詞「チャー」〈どう〉が用いられているので，文末は「ガ」となっているわけです．

　＊例文(3)の「ヌーガナ　ムッチ　イチュミ？」のヌーガナ〈何か〉は疑問詞でなく名詞です．よって語尾はミになっています．

— 42 —

練習問題

1. それぞれの動詞の否定形を参考にして（　　　　）を埋めなさい.

　　　a. ニユン niyuN〈煮る〉の否定形＝ニラン niraN

　　　　　ッンム（　　　　　）. 'Nmu（　　　　　）.〈芋を煮よう〉

　　　b. カムン kamuN〈食べる〉の否定形＝カマン kamaN

　　　　　マジュン（　　　　　）. majuN（　　　　　）.〈一緒に食べよう〉

2. （　　　）に適当な疑問の助詞（ガ・ミ）を入れなさい.

　　　a. チューヤ　ヌーヌ　フィー　ヤ（　）？

　　　　　chuu-ya nuu-nu hwii ya-( )?〈今日は何の日か？〉

　　　b. チューヤ　タナバタ　ヤ（　）？

　　　　　chuu-ya tanabata ya-( )?〈今日は七夕か？〉

　　　c. クヮーシ　ムッチ　イチュ（　）？

　　　　　kwaashi mucchi 'ichu-( )?〈菓子を持っていくか？〉

　　　d. ヌー　ムッチ　イチュ（　）？

　　　　　nuu mucchi 'ichu-( )?〈何を持っていくか？〉

今日のことわざ

イチチヌ　イービヤ　イィヌタキヤ　ネーラン

'ichichi-nu 'iibi-ya yinu taki-ya neeraN

（五つの指は同じ丈は無い）

　五本の指のように，人もそれぞれ違うのだ，という意味です. 四字熟語の「十人十色」に近いことわざです. 最初から3語は母音iで頭韻を踏んでいますね.「イービ」はヤマトの古語「および」に対応する語と言われています.

■ 指小辞「グヮー」■

　指小辞とは，ある語に付けて親愛の情などの意味を添える接尾語です（たとえば東北方言の「どじょっこ」「ふなっこ」の「～こ」）．沖縄語で頻繁に用いられる指小辞に，グヮー gwaa があります．漢字を当てる場合はたいてい「小」を使います．

　グヮーは，小さいものや愛らしいものに用います．ナビーグヮー nabii-gwaa〈ナビー（女性名）〉やタルーグヮー taruu-gwaa〈太郎〉のように女性や子どもの名に付くと愛称となることが多いようです．

　人名だけでなく，トゥジグヮー tuji-gwaa〈妻〉，イユグヮー 'iyu-gwaa〈魚〉，サキグヮー saki-gwaa〈酒〉，ガンチョーグヮー gaNchoo-gwaa〈眼鏡〉，アミグヮー 'ami-gwaa〈飴〉など，主に名詞に付きます．これまでの研究によれば，「もともと大きなもの（海，空など）」「地名」など，名詞の中にも付かないものがあります．「人称代名詞」「疑問詞」などにも付きません．

　また，グヮーが軽蔑のニュアンスを持つこともあります．

　　トゥルバヤーグヮー turubayaa-gwaa〈ぼんやりした奴〉

　　フラーグヮー huraa-gwaa〈ばかもの〉

　祖父母や父母など本来尊敬されるべき家族や，先生・警察官などに付いた場合も，軽蔑や敬遠の意味合いが強くなります．

■「ン N」の正体は？■

これまで形容詞・動詞の終止形の語源について，たとえばアマサン 'amasaN〈甘い〉は「甘さ 'amasa ＋有り ari ＋ N」，ユムン yumuN〈読む〉は「ユミ yumi ＋居り wori ＋ N」が変化した形と説明してきました．ではこの末尾の N は何者なのでしょう？

じつはこの N の語源については諸説あります．中でも有力なものに「む mu」説，「も mo」説，「もの mono」説があり，どれが正しいかについては意見が分かれるのですが，いずれも音のなかに m を含んでいますね．つまり正解が何であれ注目すべきは，形容詞・動詞の終止形の末尾音 N には m の要素があるということです．文字で書くと m と N は無関係のように見えますが，ともに鼻に抜ける音＝鼻音という共通点があるため，こうした音の交替がしばしば起こるのです．（→第12課）

この m は，形容詞・動詞の終止形のときには撥音 N になり，m の音が隠れていますが，別のところでは再びたち現われるという不思議な音です．第4課で説明した疑問の終助詞ミ mi はもともと形容詞・動詞の終止形に -i（共通語の「〜か」に相当）が付いてできたものですが，その際カチュン kachuN ＋ -i →カチュミ kachumi というふうに，隠れていた m が出現しています．

疑問を示す -i が直接「イ」の形で出るのは，係り結びの疑問のときです．ジードゥ　カチュルイ jii-du kachuru-i（字を書くのか？）のように，連体形のあと，疑問の示す -i がそのまま「イ」の形で出ます．山之口貘（詩人）の詩「弾を浴びた島」に「ガンジューイ」（元気か）という沖縄語が出てきますが，このガンジューイ ganjuu-i の「イ」も，疑問を示す -i です．

— 45 —

5
[イチチ 'ichichi]

マチヤ
machiya

お店

DL 7

(1) A： ヤッサイビーンドー．コーミソーレー．
yassaibiiN-doo. koo-misooree.

(2) B： アイ！　クレー　ヌー　ヤイビーガ？
'ai! kuree nuu yaibii-ga?

イッペー　ミジラシー　ムン　ヤイビーッサーヤー．
'ippee mijirashii muN yaibii-ssaa-yaa.

(3) A： ッワーヌ　チラ　ヤイビーン．
'waa-nu chira yaibiiN.

ミミガーン　ジョートーヤイビーンドー．
mimigaa-N jootoo-yaibiiN-doo.

(4) B：「ミミガー」ンディ　ッユシェー，
"mimigaa"-Ndi 'yu-shee,

ッワーヌ　ミミヌ　カーヌ　クトゥ　ヤイビーミ？
'waa-nu mimi-nu kaa-nu kutu yaibii-mi?

(5) A： アン　ヤイビーン．
コーティ　ンジミシェービラニ？
'aN yaibiiN. kooti Nji-misheebirani?

マーサイビーンドー．
maasaibiiN-doo.

— 46 —

【単語】

マチヤ machiya［名詞］ お店.

ヤッサ yassa ヤッサンのサ語幹.

●ヤッサン yassaN［サ形容詞］ 安い.

イビーン ibiiN ～です. ～ます.
　★④

コーミソーレー koo-misooree お買
　いなさいよ. ミソーレーはミシェ
　ーンの命令形.

●ミシェーン misheeN［助動詞］ ～
　なさる.（→第11課）

クレー kuree これは. ←クリ＋ヤ

ヤイビー yaibii ヤイビーンの尾略
　形. ★⑥

●ヤイビーン yaibiiN ～です. ★③

ミジラシー mijirashii ミジラサンの
　連体形. 連用形が「～シク」にな
　る形容詞は, 連体形に「～サル」
　の他に「～シー」の形をとること
　ができる.

●ミジラサン mijirasaN［サ形容詞］
　めずらしい.

ムン muN［名詞］ もの.

ッワー 'waa［名詞］ 豚.「ゐ」（猪）

に由来するとの説あり. ★①

チラ chira［名詞］ 顔. ＜つら

ミミガー mimigaa［名詞］ 豚の耳皮.
　その料理をもいう.

ジョートー jootoo［ナ形容詞］ 上等.
　すばらしい. よい.

ンディ Ndi［助詞］ ～と. 引用の助詞.

ッユシェー 'yu-shee いうのは.
　← 'yu+shi+ya
　'yu はッユンの尾略形. ★⑥

●ッユン 'yuN［動詞］ 言う. ★①

●シ shi［助詞］「もの・こと」を表
　わす準体助詞. 共通語の「の」.

カー kaa［名詞］ 皮. ★②

クトゥ kutu［名詞］ 事.

ンジミシェービラニ Nji-misheebirani
　（～して）みませんか. ンジはンジ
　ュンの連用形. ★⑤

●ンジュン NjuN［動詞・補助動詞］
　見る. ～してみる.

マーサ maasa マーサンのサ語幹.

●マーサン maasaN［サ形容詞］うまい.
　おいしい.

— 47 —

【訳】

(1) A：安いですよ．お買いなさいよ．
(2) B：うわあ，これは何ですか．とても珍しいものですね．
(3) A：豚の顔です．耳皮もいいですよ．
(4) B：「耳皮」というのは，豚の耳の皮のことですか．
(5) A：そうです．買ってみませんか？　美味しいですよ．

---

(1) A：安^{ヤッサ}イビーンドー．買^コーミソーレー．
(2) B：アイ！　クレー　何^{ヌー}　ヤイビーガ？
　　　　イッペー　珍^{ミジラ}シー　物^{ムン}　ヤイビーッサーヤー．
(3) A：豚^{ッワー}ヌ　面^{チラ}　ヤイビーン．
　　　　耳皮^{ミミガー}ン　上等^{ジョートー}ヤイビーンドー．
(4) B：「耳皮^{ミミガー}」ンディ　言^ユシェー，
　　　　豚^{ッワー}ヌ　耳^{ミミ}ヌ　皮^{カー}ヌ　事^{クトゥ}　ヤイビーミ？
(5) A：アン　ヤイビーン．買^コーティ　ンジミシェービラニ？
　　　　旨^マサイビーンドー．

【解説】

①「豚」と「私」の区別：声門閉鎖音（グロッタル・ストップ）

　「声門閉鎖音」というのは一瞬，喉がきゅっと締まり，そのあと音がひゅっと跳び出てくるような音です．グロッタル・ストップともいいます．大きな声で強くアーと言おうとするときなど，出だしに喉を緊張させると，この音が出ます．この本では声門閉鎖音を伴う音を，カナ表記では「ッ」，ローマ字表記では「'」を前につけて

— 48 —

表わしています.

　沖縄語では，母音を発音するときに自然に声門閉鎖音をつけます．また，子音 w や y の前に声門閉鎖音を伴うときと伴わないときとでは「違う音」になるので特に注意が必要です． **DL** 8

　　〈豚〉ッワー 'waa　　　　　〈私の〉ワー waa
　　〈お前〉ッヤー 'yaa　　　　　〈家〉ヤー yaa
　　〈言う〉ッユン 'yuN　　　　　〈湯〉ユー yuu

　沖縄本島の人は，沖縄語ができるか否かを，まずこのような区別がしっかりとできるかどうかで判断します．また，この音はッンム 'Nmu〈芋〉，ンマガ 'Nmaga〈孫〉など，「ン」ではじまる語の前にも付きます．この音が上手に使えるようになれば，もうしめたものです．

②「皮」はカー：長音化

　第 1 課でマエ mae →メー mee，アウ au →オー oo のように，二つの母音からひとつの長い母音ができることについて説明しました．このようにしてできた長い母音にはもうひとつ，母音 a に挟まれた w が脱落してできたものもあります．

　　〈皮〉カワ kawa →カー kaa
　　〈泡〉アワ awa →アー 'aa
　　〈回る〉マワル mawaru →マーユン maayuN

③ヤンとヤイビーン

　共通語の文体の場合，文の語尾をとらえて常体（ダ・デアル体）と敬体（デス・マス体）に分けることがありますね．沖縄語でこの

— 49 —

「～だ（～である）」と「～です」に相当する語が，**ヤン yaN** とヤイ
ビーン **yaibiiN** です．

スムチ　ヤン．sumuchi **yaN**.〈本だ．〉
スムチ　ヤイビーン．sumuchi **yaibiiN**.〈本です．〉

連体形はヤル yaru，ヤイビール yaibiiru になります．

④サ形容詞の丁寧形
第 2 課で説明したように，マーサン maasaN〈おいしい〉のよう
なサ形容詞の終止形から -N を除いたサで終わる形（マーサ maasa）
を「サ語幹」といいますが，このサ語幹にイビーン -ibiiN をつけると，
丁寧形ができます．

【サ語幹】　　　　　　【丁寧形】
ヤッサ yassa　　　　ヤッサイビーン yassa**ibiiN**〈安いです〉
ミジラサ mijirasa　　ミジラサイビーン mijirasa**ibiiN**〈珍しいです〉
マーサ maasa　　　　マーサイビーン maasa**ibiiN**〈おいしいです〉

⑤連用形と連用語幹
第 4 課でふれたように，動詞の終止形から -uN（ラ行動詞の場合は
-iN）を取り除いた形は連用語幹と呼ばれる部分です．この連用語幹
からは終止形や連体形のほかに，連用形や次の**解説⑥**で説明する「尾
略形」，「アーニ形」や「丁寧形」（→第 7 課）など，さまざまな動詞
の形が作られます．
連用形は，連用語幹に -i を付けて作ります．

ムーチー　**カミ**，チャー　ヌムン．muuchii **kam-i**, chaa numuN.
〈餅を食べ，茶を飲む．〉

— 50 —

連用形はさまざまな助動詞に接続するとき（→第10課）や尊敬の表現（→第11課）にも使います.

⑥尾略形

　例文（2）（4）のヤイビーガ yaibii-ga, ヤイビーミ yaibii-mi にみられるように, 疑問の終助詞「ガ」や「ミ」は動詞ヤイビーン yaibiiN から -N を取ったヤイビー yaibii という形に付いています. この形を「**尾略形**」といいます. 終止形から末尾の -N を取った形, ということは, 連用語幹に -u（ラ行動詞は -i）を付けた形になります.

　　イチュン 'ichuN〈行く〉→ **'ichu**【尾略形】
　　→イチュガ 'ichu-ga ／イチュミ 'ichu-mi〈行くか〉

　尾略形はこのほか, 第7課で学ぶ順接・逆接などさまざまな表現を作るのに使います.

	終止形	連体形	**連用語幹**	連用形	尾略形
書く	kachuN	kachuru	**kach-**	kachi	kachu
干す	husuN	husuru	**hus-**	hushi	husu
持つ	muchuN	muchuru	**much-**	muchi	muchu
死ぬ	shinuN	shinuru	**shin-**	shini	shinu
飛ぶ	tubuN	tuburu	**tub-**	tubi	tubu
読む	yumuN	yumuru	**yum-**	yumi	yumu
取る	tuyuN	tuyuru	**tu(y)-**	tui	tuyu
	tuiN	tuiru			tui
煮る	niyuN	niyuru	**ni(y)-**	nii	niyu
	niiN	niiru			nii

— 51 —

例文 (4) に, ッユシェー 'yu-shee〈〜いうのは〉という形がありましたが, これも動詞ッユン 'yuN〈言う〉の尾略形ッユ 'yu に, シェー shee (シ shi + ヤ ya) がついたものです. ちなみに,〈〜するのが〉という表現は, 動詞の尾略形+シ shi+ガ ga で表わします.

　　アン　ッユシガ　ユタサン. 'aN 'yu-shi-ga yutasaN.
　〈そう言うのが良い.〉
　　アレー　カチュシガ　フェーサン. 'aree kachu-shi-ga hweesaN.
　〈彼は書くのが速い.〉

＊準体助詞シ shi〈〜の, 〜もの, 〜こと〉につく場合,〈〜が〉を表わす助詞は人や代名詞のときと同じくヌ nu ではなくガ ga を使います.（→第１課）

 ナカユクイ nakayukui〈一休み〉

■豚の食文化

　沖縄料理には豚を使った料理がたくさんあります. ラフテー rahutee (豚肉の角煮), アシティビチ 'ashitibichi (豚足), ミミガー mimigaa (豚の耳皮), ソーキスバ sookisuba (豚のあばら骨肉のそば), イナムドゥチ 'inamuduchi (豚肉入り味噌汁. 語源は「猪のもどき」か) など, 多くの料理に豚肉は欠かせません. 琉球王国時代, 中国からの使節 (冊封使) を迎えるときにも, 接待料理として豚肉が出されたことが記録に残っています. 沖縄の温暖湿潤な気候は養豚に適していますし, 飼料であるサツマイモの葉や皮も容易に手に入りました. また, 凶作のときの備えとしても重要な家畜でした. 肉に限らず, 耳, 顔, 足の先, 内臓, 血に至るまで, 豚一頭のどの部分も無駄にすることなく, さまざまな料理になって人々の胃袋の中に納まってしまうのです.

練習問題

1. 次の語を沖縄語にしなさい.

なわ〈縄〉　かわ〈川，沖縄では井戸のこと〉

やわさ〈古語で「ひもじさ」のこと〉　あわもり〈泡盛〉

2. 形容詞の終止形を挙げました. それぞれの丁寧形を言いなさい.

クラサン kurasaN〈暗い〉　アササン 'asasaN〈浅い〉

マギサン magisaN〈大きい〉

3. 動詞の終止形を挙げました. それぞれを尾略形にし,「シェー」
   を付けて「~するのは」の意味にしなさい.

カチュン kachuN〈書く〉　ユムン yumuN〈読む〉

トゥブン tubuN〈飛ぶ〉

今日のことわざ

ヤーサドゥ　マーサ
yaasa-du maasa

(ひもじいからこそ，旨いのだ)

　お腹が減っていると，何を食べてもおいしいものです. ヤーサン
yaasaN は，古語の「やわし」と根を同じくします.「飢 (ヤワ)しと
申せば分けて給ひし母氏は」(東大寺諷踊文) や「飢 (ヤワシ) かし
時に, 生 (む) めし児を, 倉稲魂命 (うかのみたまのみこと) と号 (ま
う) す」(日本書紀・神代上) などのような文献例がありますが，現
在, 共通語では用いられなくなっている言葉です.

— 53 —

6
[ムーチ muuchi]

ヤンメー
yaNmee

病気

DL 9

母：アイ！　フェーサタンヤー．
'ai! hweesataN-yaa.

ガッコーヤ　ナー　ウワティー？
gakkoo-ya naa 'uwatii?

子：ウゥーウゥー．ドゥーヌ　ダルサヌ，
ヌーディーン　ヤムン．
wuuwuu. duu-nu darusanu, nuudii-N yamuN.

ニチヌ　アティ，フィーク　ナトーン．
nichi-nu 'ati, hwiiku natooN.

母：アン　ヤレー　イチデージ　ナトーッサー．
'aN yaree 'ichideeji natoo-ssaa.

ニチェー　ハカタンナー？　ハカランタンナー？
nichee hakataN-naa? hakaraNtaN-naa?

子：ナーダ　ハカテーウゥランムン．
naada hakatee-wuraN-muN.

母：アンシェー，
クヌ　ニチハカヤーサーニ　ハカティ　ンダナ．
'aNshee, kunu nichihakayaa-saani hakati Nda-na.

— 54 —

【単語】

ヤンメー yaNmee［名詞］ 病気.

フェーサタン hweesataN フェーサン〈早い〉の過去形. ★④

ウワティー 'uwatii ウワユンの過去・疑問形. ★③

●ウワユン 'uwayuN［動詞］ 終わる.

ウゥーウゥー wuuwuu［感嘆詞］ いいえ. 目上の人に対して用いる.

ドゥー duu［名詞］ 体. 自分という意味もある. ＜胴

ダルサヌ darusanu ダルサンのヌ形.

●ダルサン darusaN［サ形容詞］ だるい.

ヌーディー nuudii［名詞］ 喉.

ヤムン yamuN［動詞］ 痛む. 形容詞「痛い」にあたる形は使わず, 動詞「やむ」で痛みを表現する.

ニチ nichi［名詞］ 熱.

アティ 'ati アンのテ形. ★①

●アン 'aN［動詞］ 有る. 否定形アランは〈～でない〉を表わす. （→第7課）

フィーク hwiiku フィーサンの連用形.

●フィーサン hwiisaN［サ形容詞］ 寒い.

ナトーン natooN なっている. ナユンの継続形. ★②

●ナユン nayuN［動詞］ なる.

ナトー natoo ナユンの継続・尾略形.

ヤレー yaree ～であれば.

イチデージ 'ichideeji［ナ形容詞］ 大変. ＜一大事 ★⑤

ニチェー nichee 熱は. ←ニチ＋ヤ

ハカタン hakataN ハカユンの過去形. ★②

●ハカユン hakayuN［動詞］ 計る.

ナー naa［助詞］ ～の？ 問いかけ・念押しを表わす終助詞. ★⑦

ハカランタン hakaraNtaN ハカユンの過去・否定形. ★③

ハカテーウゥラン hakatee-wuraN 計っていない. （→第10課）

ムン muN［助詞］ ～よ. ＜もの

ニチハカヤー nichihakayaa［名詞］ 体温計.

サーニ saani［助詞］ ～で. ★⑥

ンダ Nda ンジュン〈見る, ～してみる〉の志向形.

ナ na［助詞］ ～しよう. ～したい. 希望を表わす終助詞. ★⑦

【訳】

母：あら！　早かったのね. 学校はもう終わったの？

子：ううん. 体がだるくて，喉も痛いの. 熱があって，さむけがする.

母：それは大変だわ. 熱は計ったの？　計らなかったの？

子：まだ計っていないよ.

母：じゃあ，この体温計で計ってみようね.

母　：アイ！　早サタンヤー.
　　　学校ヤ　ナー　終ワティー？

子　：ウゥーウゥー. 胴ヌ　怠サヌ，喉　ン　痛ムン.
　　　熱ヌ　有ティ，冷ーク　ナトーン.

母　：アン　ヤレー　一大事　ナトーッサー.
　　　熱ェー　計タンナー？　計ランタンナー？

子　：未ダ　計テー　居ランムン.

母　：アンシェー，クヌ　ニチハカヤーサーニ
　　　計ティ　ンダナ.

【解説】

① 「～して」：テ形

　共通語で，「書いて」「読んで」など動詞に「て」や「で」が付く形を**テ形**といいます. 沖縄語の動詞のテ形は，共通語のテ形より1音短縮される傾向があります. たとえば，「有る」「読む」のテ形は共通語ではアッテ atte，ヨンデ yoNde ですが，沖縄語ではアティ 'ati，ユディ yudi となり，t や N が短縮されています. 沖縄語ではテ

— 56 —

やデがティ ti やディ di になりますが（三母音の原則），さらにティ
がチ chi，ディがヂ ji になる形もあります．

干して　　→　フチ huchi
持って　　→　ムッチ mucchi
飛んで　　→　トゥディ tudi
読んで　　→　ユディ yudi
取って　　→　トゥティ tuti
煮て　　　→　ニチ nichi
研いで　　→　トゥヂ tuji

　**動詞テ形＋クィミシェービリ kwi-misheebiri またはクィミソーリ
kwi-misoori** で，「〜してください」という表現を作ることができます．
前者の〜クィミシェービリの方がより丁寧な表現です．

カチ　クィミシェービリ kachi kwi-misheebiri〈書いてください〉
ユディ　クィミソーリ yudi kwi-misoori〈読んでください〉

② 「〜した」と「〜している」：過去形と継続形
　動詞のテ形から母音 i を取った形を「音便語幹」と呼びます．こ
の語幹も動詞からさまざまな表現を作るもとになる大事な形で，こ
れにアン -aN を付けると過去形「〜した」になります．たとえば，
ハカユン hakayuN〈計る〉のテ形は hakati，音便語幹は hakat- ですから，
過去形はハカタン hakataN となります．

【テ形】	【音便語幹】	【過去形】
ユディ yudi	yud-	ユダン yudaN〈読んだ〉
ムッチ mucchi	mucch-	ムッチャン mucchaN〈持った〉

— 57 —

また，共通語で「～している」にあたる「**継続形**」も音便語幹に
-ooN を付けて作ります.

【テ形】	【音便語幹】	【継続形】
ユディ yudi	yud-	ユドーン yud**ooN**
		〈読んでいる〉
ムッチ mucchi	mucch-	ムッチョーン mucch**ooN**
		〈持っている〉

	音便語幹	テ形	過去形	継続形
書く	kach-	kach**i**	kach**aN**	kach**ooN**
干す	huch-	huch**i**	huch**aN**	huch**ooN**
持つ	mucch-	mucch**i**	mucch**aN**	mucch**ooN**
死ぬ	shij-	shij**i**	shij**aN**	shij**ooN**
飛ぶ	tud-	tud**i**	tud**aN**	tud**ooN**
読む	yud-	yud**i**	yud**aN**	yud**ooN**
取る	tut-	tut**i**	tut**aN**	tut**ooN**
煮る	nich-	nich**i**	nich**aN**	nich**ooN**

③過去の否定形・疑問形

動詞の過去の否定は，否定形にタン taN を付けて作ります.

【否定形】ハカラン hakaraN〈計らない〉

→ハカランタン hakara**NtaN**〈計らなかった〉

【否定形】カマン kamaN〈食べない〉

→カマンタン kama**NtaN**〈食べなかった〉

否定・連体形の場合は否定形＋タル taru です.

— 58 —

過去の疑問は，テ形に疑問を示す i を付けて作ります．

【テ形】ウワティ 'uwati〈終わって〉

→ウワティー 'uwatii〈終わったの？〉

【テ形】ユディ yudi〈読んで〉

→ユディー yudii〈読んだの？〉

④サ形容詞の過去形

サ形容詞の過去形は，サ語幹にタン taN を付けて作ります．過去・連体形はサ語幹＋タル taru です．

フェーサン hweesaN〈早い〉→【サ語幹】フェーサ hweesa

→フェーサタン hweesataN〈早かった〉

タカサン takasaN〈高い〉→【サ語幹】タカサ takasa

→タカサタル　キー takasataru kii〈高かった木〉

⑤ナ形容詞（形容動詞）の活用

共通語でも沖縄語でも，連体形が「〜な」で終わる形容詞をナ形容詞（形容動詞）と呼びます．

ガンジューナ gaNjuu-na〈健康な．＜頑丈な〉

クヮフーナ kwahuu-na〈幸運な．＜果報な〉

共通語は終止形が「〜だ」「〜である」となりますが，沖縄語では次のように活用します．

【語幹】　　ガンジュー gaNjuu

【連体形】　ガンジューナ gaNjuu-na〈健康な〉

　　　　ガンジューナ　ッチュ gaNjuu-na cchu〈健康な人〉

【連用形】　ガンジューニ gaNjuu-ni〈健康に〉

— 59 —

ガンジューニ　クラチョーン．gaɴjuu-ni kurachooɴ.
　　　〈健康に暮らしている．〉
　【終止形】　ガンジューヤン gaɴjuu-yaɴ〈健康である〉
　　　アレー　ガンジューヤン．'aree gaɴjuu-yaɴ.
　　　〈彼は健康である．〉

　連用形の場合，ニ ni を省いた言い方もできます．例文の「イチ
デージ　ナトーッサー」もこの例です．
　　　ガンジュー　クラチョーンドー．gaɴjuu kurachooɴ-doo.
　　　〈健康に暮らしているよ．〉

　この形は文末に終助詞や疑問の形がくるときに多く使われるよう
です．

⑥ッシとサーニ：手段・道具の助詞
　沖縄語の手段・道具を表わす助詞（共通語の「で」）には，ッシ
sshi とサーニ saani があります．
　　　ヌクジリッシ　チユン．nukujiri-sshi chiyuɴ.
　　　ヌクジリサーニ　チユン．nukujiri-saani chiyuɴ.
　　　〈のこぎりで切る．〉

⑦禁止のナ・希望のナ・問いかけのナー
　終助詞ナ na には二種類あるので注意しましょう．一つは禁止形
を作るときの「ナ」（→第2課）です．これは基本語幹＋u に付きます．
　　　カクナ kaku-na〈書くな〉
　　　ンジュナ ɴju-na〈見るな〉

— 60 —

もう一つは志向形の後に付く「ナ」で,〈〜しよう, 〜したい〉という希望の意味を添えます. 例文中のハカティ　ンダナ hakati Nda-na も, ンジュン NjuN の志向形 Nda に付いていますので,〈計ってみようよ〉という意味になります.

　　　カカナ kaka-na〈書こうよ, 書きたい〉

　　　ンダナ Nda-na〈見ようよ, 見たい〉

＊この「ナ」は, 『万葉集』の「熟田津に船乗りせむと月待てば潮もかなひぬ今は漕ぎ出でな」(8番, 額田王)などの「な」と同根であるという説もあります.

　また, 長い発音の終助詞ナー naa は, 終止形に付き, 聞き手に軽く問いかけたり念を押したりするときに使います.

　　　ユムンナー yumuN-naa〈読むの?〉

　　　ハカタンナー hakataN-naa〈計ったの?〉

人称代名詞

	【単数】	【複数】
【一人称】	ワン waN〈私〉	ワッター wattaa〈私たち〉
【二人称】	ッヤー 'yaa〈お前, 君〉	イッター 'ittaa〈お前たち, 君たち〉
	ウンジュ 'uNju〈あなた〉	ウンジュナー 'uNjunaa〈あなたがた〉
【三人称】	アリ 'ari〈彼, 彼女〉	アッター 'attaa〈彼ら, 彼女たち〉

ナカユクイ nakayukui〈一休み〉

■沖縄の薬用動植物

　沖縄諸島は亜熱帯気候に属し，多種多様な動植物に恵まれていますが，そのいくつかは薬用として利用されてきました．古くはザン zaN〈ジュゴン〉が，不老長寿の薬として琉球国王に献上されたことが記録に残っています．離島を多く抱える沖縄では，近代に入っても各地に十分な医療を普及させるのは大変なことでした．お医者さんがまだまだ少なかった時代，人々は身近な動植物を活用して，日々の体調不良や病気に対処したのでした．

　現在でも効能があるとされている動植物を挙げてみましょう．「芭蕉布」の繊維原料となるバスー basuu〈芭蕉〉は球根のしぼり汁が解熱剤として，沖縄の代表的な木であるガジマル gajimaru〈榕樹〉は樹液が出産後の鎮痛剤として利用されました．またチャンプルー料理定番のゴーヤー gooyaa〈苦瓜〉はナチマキ nachimaki（夏バテ．語源は「夏負け」）防止になると言われますが，その葉もまた優れた入浴剤になるそうです．茎が紙の原料にもなるサンニン saNniN〈月桃〉の根は消化不良に効き，カレー粉やたくあんの染料として有名なウッチン 'ucchiN〈ウコン〉はのぼせや肝臓・腎臓の薬にもなります．

　動物ではイラブー 'irabuu〈エラブウミヘビ〉を煎じて煮出した汁，イラブーシンジ 'irabuushiNji が滋養強壮の薬になりますし，フィージャー hwiijaa〈ヤギ〉の煮汁や刺身はフィージャーグスイ hwiijaa-gusui〈山羊薬〉と言われ，クンチ kuNchi（スタミナ．語源は「根気」）をつけるために食べるものです．

　沖縄は現在も長寿県の一つです．

練習問題

1. 動詞のテ形を挙げました．それぞれの過去形と継続形を言いなさい．

　　ニンティ niɴti〈眠って〉　　　ッウィージ 'wiiji〈泳いで〉

　　ヤシディ yashidi〈休んで〉　　ワタティ watati〈渡って〉

2. 次の共通語を沖縄語に直しなさい．

　　a. 昨日，仕事を休んだ．

　　　（昨日＝チヌー chinuu，仕事＝シグトゥ shigutu）

　　b. 去年，ヤマトに渡った．

　　　（去年＝クジュ kuju）

　　c. 手で持ってください．（手＝ティー tii）

　　d. このお金で売ってください．（お金＝ジン jiɴ）

今日のことわざ

ヤファラ　ガンジュー
yahwara gaɴjuu
（外見は弱々しいけれど，内実は健康そのもの）

　人は見かけによらないもので，体格の良い人がすぐ病気をしたり，逆に軟弱に見える人がいつも元気でいることがあります．ヤファラ yahwara は，「やわらかい」の「やわら」と同根です．ガンジュームンドゥ　クファドーリスル gaɴjuumuɴ-du kuhwadoori suru〈頑丈な者ほどポキッと倒れる〉ということわざもあります．クファドーリのクファは「硬い」を意味する「強し」（こはし）から来ています．

— 63 —

■イビーンとミソーリ■

　各地の言葉をきいたときに，皆さんが方言らしさを感じるのはどんなところでしょうか．アクセントや独特の語彙なども大きな要素ですが，文の終わり方も印象に残るのではないでしょうか．「〜でっか」とか「〜じゃけん」とか，聞いただけでどこかの方言だな，と思いますよね．では，沖縄語らしい文の終わり方にはどんなものがあるのでしょうか？

　後の課で詳しく説明しますが，沖縄語では丁寧な言い方として，文末に「〜イビーン」〈〜です，〜ます〉や「〜ミソーリ」「〜ミシェービリ」〈〜してください〉などがよく使われます．「〜イビーン」はヤマトの古語「侍り」，「〜ミソーリ」は「召し御座す」，「〜ミシェービリ」は「召し（有り）侍り」に関係すると言われています．

　今まで出てきた沖縄語の単語も古語との関係を考えると，より一層興味深くなってきます．サ形容詞「カナサン」(21頁) は，共通語の「かなしい（悲しい）」とではなく，万葉集「妻子見ればかなしくめぐし」などの「かなし（愛し）」とのつながりが感じられる単語です．「ヤーサ」(53頁) は共通語には見られませんが，古語に「やわし（飢し）」と出てきます．他にも，妻を意味する「トゥジ」は古語「とじ（刀自）」，トンボを意味する「アーケージュー」は古語「あきづ（秋津）」，お土産を意味する「チトゥ」は古語「つと（苞）」と関係のある言葉です．

　このようなところにも沖縄語の年輪の古さがうかがわれます．沖縄語の理解には，ヤマトの古語の知識がとても役に立つのです．

— 64 —

II

7

[ナナチ nanachi]

イサガナシ
'isa-ganashi

お医者さん

DL 10

医者：チャー　シミシェービタガ？
　　　chaa　shi-misheebita-ga?

患者：チカグロー，ドゥーヌ　ダイムイ　ソーイビータシガ，
　　　chikaguroo, duu-nu daimui sooibiita-shiga,

　　　チヌーカラ　ヌーディーマディ　ヤドーイビーン．
　　　chinuu-kara nuudii-madi yadooibiiN.

医者：アン　ヤイビーミ？　ドゥーアンマサイビーミ？
　　　'aN yaibii-mi? duu'aNmasaibii-mi?

　　　アンシ，ウブノー　マーサイビーミ？
　　　'aNshi, 'ubunoo maasaibii-mi?

イサ 'isa［名詞］医者.

ガナシ ganashi［接尾語］〜さん.
　〜様.

シ shi　スンの連用形からiを取った
　形.（→ 111 頁）

ミシェービタ misheebita
　ミシェービーンの過去・尾略形.

●ミシェービーン misheebiiN［助動詞］
　〜なさいます.（→第 11 課）

チカグロー chikaguroo　近頃は. ←チ
　カグル＋ヤ

ダイムイ daimui［名詞］体がだるい
　こと.

ソーイビータ sooibiita　スンの継続形
　ソーン＋イビーンの過去・尾略形.
　★③

シガ shiga［助詞］〜だが，〜だけ
　れど. 逆接の接続助詞. ★⑤

ヤドーイビーン yadooibiiN　ヤムンの
　継続形ヤドーン＋イビーン. ★③

●ドゥーアンマサン duu'aNmasaN［サ
　形容詞］体の具合が悪い.

アンシ 'aNshi［接続詞］それで.

ウブノー 'ubunoo ←ウブン＋ヤ.

●ウブン 'ubuN［名詞］お食事. ご
　はん. ムヌ〈食べ物〉の丁寧語.

— 66 —

患者：アンスカ　イィー　アンベーヤ　アイビラン．
　　　'aNsuka yii 'aNbee-ya 'aibiraN.

医者：クチ　マギク　アキヤーニ，
　　　kuchi magiku 'akiyaani,

　　　ヌーディーヌ　ウク　ミシティ　クィミシェービリ．
　　　nuudii-nu 'uku mishiti kwi-misheebiri.

　　　ダテーン　アカク　ナトーイビーッサーヤー．
　　　dateeN 'akaku natooibii-ssaa-yaa.

　　　ハナフィチ　ヤイビーンヤー．
　　　hanahwichi yaibiiN-yaa.

患者：ヤイビーミ？
　　　yaibii-mi?

アンスカ 'aNsuka［副詞］　あまり．
　文末を否定形で結ぶ．
アンベー 'aNbee［名詞］　案配．具合．
　調子．
アイビラン 'aibiraN　〜ではありませ
　ん．「〜ヤ　アイビラン」でヤイビ
　ーンの否定の意味になる．ヤンの
　否定は「〜ヤ　アラン」．ヤイビラ
　ン，ヤランという言い方はない．
　★②
マギク magiku　マギサンの連用形．
●マギサン magisaN［サ形容詞］　大
　きい．

アキヤーニ 'akiyaani　開けて．アキ
　ユン〈開ける〉のアーニ形．★④
ミシティ mishiti　見せて．ミシユン
　〈見せる〉のテ形．
ダテーン dateeN［副詞］　かなり．だ
　いぶ．
ナトーイビー natooibii　←ナユンの
　継続形ナトーン＋イビーンの尾略
　形★③
ハナフィチ hanahwichi［名詞］　風邪．

— 67 —

ンチャ，ナマー　フェートーイビークトゥ，
Ncha, namaa hweetooibii-kutu,

ウチティ　ネーヤビランヤー．
'uchiti neeyabiraN-yaa.

医者：クスイ　ッンジャサビラ．
kusui 'Njasabira.

クスイ　ウサガレー　シグ　マシ　ナイビーンドー．
kusui 'usagaree shigu mashi naibiiN-doo.

フィッチーナカイ　ミケーン
hwicchii-nakai mi-keeN

ウブン　ウサガティヌ　アトゥ　ヌミミシェービレー．
'ubuN 'usagati-nu 'atu numi-misheebiree.

ンチャ Ncha［感嘆詞］　なるほど．や
　っぱり．予想通りだ．
フェートーイビー hweetooibii
　フェーユンの継続形フェートー
　ン＋イビーンの尾略形．★③
●フェーユン hweeyuN［動詞］　流行
　る．
クトゥ kutu［助詞］　〜だから．〜し
　たところ．＜こと　★⑤
ウチティ 'uchiti　ウチユンのテ形．
●ウチユン 'uchiyuN［動詞］　うつる．
ネーヤビラン neeyabiraN　〜してしま
　いました．（→第 12 課）
クスイ kusui［名詞］　薬．
ッンジャサビラ 'Njasabira　出しまし
　ょう．←ッンジャスン＋アビーン

の志向形
●ッンジャスン 'NjasuN［動詞］　出す．
●アビーン abiiN　〜です．〜ます．
　★①
ウサガレー 'usagaree　飲めば．★⑥
●ウサガユン 'usagayuN［動詞］　め
　しあがる．（→第 11 課）
マシ mashi［ナ形容詞］　良くなるこ
　と．良い方．
ナイビーン naibiiN　ナユン〈なる〉＋
　イビーン．
フィッチー hwicchii［名詞］　1 日．
ケーン keeN　〜回．
ウサガティ 'usagati　ウサガユンのテ
　形．
●ヌムン numuN［動詞］　飲む．

【訳】

医者：どうなさいましたか．

患者：このところ体がだるいのですが，昨日から喉まで痛いんです．

医者：そうですか．具合が悪いんですか．

　　　それで，食欲はありますか（ごはんはおいしく食べられますか）．

患者：あんまりいい具合ではありません．

医者：口を大きく開けて，喉の奥を見せてください．

　　　かなり赤くなってますねえ．

　　　風邪ですね．

患者：そうですか．やっぱり，いまは流行っていますので，伝染ってしまったのですね．

医者：薬を出しましょう．薬をお飲みになればすぐ良くなりますよ．

　　　1日に3回，食後に飲んでくださいね．

【解説】

①敬語1：動詞の丁寧形

　沖縄語の敬語のシステムはとても洗練されており，ちょっと複雑です．まず動詞の丁寧形を説明しましょう．（サ形容詞の丁寧形「サ語幹＋イビーン」は第5課で扱いました．）

　動詞の丁寧形〈〜ます，〜です〉は，「**連用語幹＋アビーン -abiiɴ**」で作ります．連用語幹は終止形から -uɴ をとった形でしたね．（→第5課）

カチュン kachuɴ　→　kach-【連用語幹】

　　　→カチャビーン kach**abiiɴ**〈書きます〉

　　　フスン husuɴ　→　hus-【連用語幹】

　　　→フサビーン hus**abiiɴ**〈干します〉

　　　タチュン tachuɴ　→　tach-【連用語幹】

　　　→タチャビーン tach**abiiɴ**〈立ちます〉

　ラ行動詞の一部には，アビーン -abiiɴ よりも**イビーン -ibiiɴ** がよく使われます.

　　　トゥユン tuyuɴ，トゥイン tuiɴ　→　tu(y)-【連用語幹】

　　　→トゥヤビーン tuyabiiɴ，トゥイビーン tu**ibiiɴ**〈取ります〉

　アビーンとイビーンもいろいろに変化します. その活用は以下の通りです.

　　　　基本語幹 -abir-，-ibir-

　【否定形】アビラン -abiraɴ，イビラン -ibiraɴ〈〜しません〉

　【志向形】アビラ -abira，イビラ -ibira〈〜しましょう〉

　　　連用語幹 -abi(y)-，-ibi(y)-

　【終止形】アビーン -abiiɴ，イビーン -ibiiɴ〈〜します〉

　　　音便語幹 -abit-，-ibit-

　【過去形】アビタン -abitaɴ，イビタン -ibitaɴ〈〜しました〉

②アンとウゥン

　「有る」「居る」は沖縄語ではアン 'aɴ，ウゥン wuɴ に当たります.
共通語と同様，沖縄語でもよく使われる大事な動詞です.

　動詞アン 'aɴ〈有る〉は終止形の語尾が -uɴ でも -iɴ でもありま

せん．その活用を見てみましょう．

【否定形】アラン 'araN〈〜ではない〉

（意味はヤン yaN の否定になる）

....

【終止形】アン 'aN〈ある〉

【丁寧形】アイビーン 'aibiiN〈あります〉

【尾略形】ア（シェー）'a(-shee)〈あるのは〉

....

【テ形】　アティ 'ati〈あって〉

【過去形】アタン 'ataN〈あった〉

　一般的な動詞の活用からすれば，終止形がアユン 'ay-uN，丁寧形がアヤビーン 'ay-abiiN，尾略形がアユ 'ay-u となるはずですが，そうはならないのです．ウゥン wuN のほうも，ウゥン wu-N（終止形），ウゥイビーン wu-ibiiN（丁寧形），ウゥ wu（尾略形）という形になります．

　アンやウゥンには，こうした不規則性があるので注意しましょう．なお，ヤン yaN〈〜である〉も，ヤイビーン yaibiiN（丁寧形），ヤ ya（尾略形），ヤティ yati（テ形），ヤタン yataN（過去形）と，アンやウゥンに準じた活用をします．

＊沖縄古典や他方言ではアユン 'ay-uN，ウゥユン wuy-uN，ヤユン yay-uN という形もあります．

③敬語２：継続形の丁寧形

　動詞の継続形（音便語幹 + ooN）も，アンやウゥンに似た変化をします．たとえば継続形を丁寧形にする場合は，継続形から -N を取ってイビーンを付けます（アビーンが付くことはありません）．

　　ヤドーン yadooN　→　yadoo-

— 71 —

→ヤドーイビーン yadooibiiɴ 〈痛めています〉【丁寧形】

　また，イビーンの過去形は，動詞の継続形や形容詞のサ語幹に付く場合，イビタン -ibitaɴ ではなくイビータン -ibiitaɴ と，「ビ」の音を長くしなければなりません．動詞の連用語幹に付く場合（**解説①**）とでは形が少し違ってきます．

　　　ナトーイビータン natooibiitaɴ 〈なっていました〉
　　　タカサイビータン takasaibiitaɴ 〈高かったです〉

④「〜して」のもうひとつの形：アーニ形

　クチ　マギク　アキヤーニ kuchi magiku 'akiyaani 〈口を大きく開けて〉の aani アーニという形は，前の課で学んだテ形と同じ〈〜して〉の意味で使われます．これを「アーニ形」と呼び，連用語幹にアーニ aani を付けて作ります．これは「動詞の連用形＋有り＋に」が変化したものと考えられています．

【終止形】	【連用語幹】	【アーニ形】
フスン husuɴ	hus-	フサーニ husaani 〈干して〉
タチュン tachuɴ	tach-	タチャーニ tachaani 〈立って〉
ユムン yumuɴ	yum-	ユマーニ yumaani 〈読んで〉
トゥユン tuyuɴ	tuy-	トゥヤーニ tuyaani 〈取って〉

⑤クトゥとシガ：順接・逆接

　「〜だから」「〜したところ」という理由や順接の意味でよく用いられるのが，**〜クトゥ kutu** です．クトゥは動詞・助動詞の尾略形や形容詞のサ語幹に付きます．

— 72 —

ユムクトゥ，カキ．yumu-**kutu**, kaki.〈読むから，書け．〉

　　ヤッサクトゥ，コーラ．yassa-**kutu**, koora.

〈安いから，買おう．〉

　　ンチャクトゥ，ドゥーヤッサタン．Ncha-**kutu**, duuyassataN.

〈見たところ，簡単だった．〉

　逆接を表わす「〜だけど」の意味でよく用いられるのが，〜**シガ**
shiga です．これも動詞・助動詞の尾略形や形容詞のサ語幹に付き
ます．

　　ユムシガ，カクナ．yumu-**shiga**, kaku-na.〈読むけど，書くな．〉

　　ヤッサシガ，コーラン．yassa-**shiga**, kooraN.

〈安いけど，買わない．〉

　動詞の否定形に付く場合は，尾略形ではなくそのままクトゥやシ
ガが付きます．

　　ユマンクトゥ yumaN-**kutu**〈読まないから〉

　　ユマンシガ yumaN-**shiga**〈読まないけど〉

⑥「〜すれば」：条件文

　〈〜すれば〉といった条件や仮定を表現するにはいろいろな方法
がありますが，よく使われるものを見てみましょう．「相手への働
きかけ」の程度によって使い分けられます．

1) 連用形 + **(i) nee**　〈〜するときには，〜すると〉

　nee ネーは，「助詞ニ ni +助詞ヤ ya」が変化した形です．ある条
件が整えば自然にその結果が伴うような場合に使います．話者の気

持ちはあまり関係ありません. （nee の前の i はラ行動詞の場合は付きません. → 102 頁）

　　サキ　ヌミーネー，チラヌ　アカク　ナイン.

　　saki numii-nee, chira-nu 'akaku naiN.

　　〈酒を飲むと，顔が赤くなる.〉

2) 基本語幹 + **ee** 〈～すれば〉

　共通語の「仮定形（あるいは已然形）＋ば」に当たるものですが，こちらを使うと聞き手に注意を促したり，念を押す感じが強くなります. そのため，後ろの文の文末に終助詞が付いたり，係り結びになったりします.

　　サキ　ヌメー，チラヌ　アカク　ナインドー.

　　saki numee, chira-nu 'akaku naiN-doo.

　　〈酒を飲めば顔が赤くなるよ.〉

　使用頻度は低くなりますが，**基本語幹 + aa** 〈～したら〉という，共通語の「未然形＋ば」に当たる形もあります. 後ろの文に命令や疑問の形がきて，聞き手に働きかける度合いが最も高くなります.

　　サキ　ヌマー，クルマンカエー　ヌンナ！

　　saki numaa, kuruma-Nkaee nuN-na!

　　〈酒を飲んだら，車には乗るな！（禁止形）〉

病気のときに使う表現

◆アガー 'agaa 〈痛っ！〉◆ウィーゴーサン wiigoosaN 〈かゆい〉
◆ハナカタマヤー hana-kakamayaa 〈鼻づまり〉◆ククラキ kukuraki
〈むねやけ〉◆ナマチブルヤン nama-chiburu-yaN 〈頭が痛む〉◆ミ

ーカファカファ mii kahwakahwa〈眠れない〉◆ファンナイ hwaNnai
〈熱が高い〉◆ハーヌ　フィッスイフィッスイ haa-nu hwissuihwissui
〈歯が痛む〉◆ムヌ　ハカハカー munu hakahakaa〈吐き気がする〉
◆サックィー　ウフウフ sakkwii 'uhu'uhu〈咳が出る〉◆ブチクン
ナラナラー buchikuN naranaraa〈卒倒しそうになる〉

　ついでに，◆チルダイ chiru-dai〈失望，落胆〉もよく使う沖縄語.

ヤブー

　「藪医者」という言葉は腕の良くない医者を指しますが，沖縄語の
ヤブー yabuu は主に鍼灸師のことを言います．かつてヤブーはユタ
yuta〈巫女〉とともに庶民の生活の中に根付いており，もぐさ（フー
チ huuchi）を使ったお灸（ヤーチュー yaachuu）や瀉血（ブーブ
ーヌジ buubuunuji）などの民間治療を専門にしていました．医師免
許は持っていなくても，軽い病気はたいてい治したそうですし，とく
に正規の医者がほとんどいない地方や離島ではとても重宝された
そうです．しかし，現在では医者の数も増え，ヤブーも必然的に姿
を消しました.

沖縄病

　「沖縄病」は戦後に発見された風土病で，もっぱら沖縄以外の（と
くにヤマトの）人間に感染します（笑）．潜伏期間は人によってまち
まち．初期症状では沖縄のポップス・民謡や沖縄料理を愛好する程
度ですが，病が進行すると，高い旅費などものともせず年に何度も
沖縄に通いつめたり，三線を習ったりしはじめ，末期には沖縄に移
住してしまうこともあります.
　沖縄の自然や文化・人々との交流によって感染することは確認さ
れていますが，はっきりした原因は不明．治療および予防の方法が
まだ見つかっていないので，注意が必要です.

ナカユイ nakayukui〈一休み〉

■救荒食物としての蘇鉄

　沖縄の代表的な亜熱帯植物として，クバ kuba〈蒲葵〉，アダン
'adaN〈阿檀〉，ガジマル gajimaru〈榕樹〉と並んでスーティーチ
suutiichi〈蘇鉄〉が挙げられます．真っ直ぐに伸びた太い幹に大き
な翼状の葉を広げた姿はまさに南国らしい雰囲気をかもしだしてい
ます．現在，鑑賞用として，ヤマトでも栽培される蘇鉄ですが，幹
や実にデンプン成分を多く含むので，沖縄では飢饉の際，人々の飢
えをつなぐ救荒食物（ガシヌハンメー gashi-nu-haNmee．＜餓死の飯
米，沖縄語で飢饉のことをガシ gashi という）としての役割を果た
しました．やせた土地にもたくましく育ち，台風や干ばつにも負け
ません．

　ただし，蘇鉄には大きな問題があります．その幹や実にはホルマ
リン，サイカシンといった有毒成分が含まれているのです．食べる
際はよく毒抜きをしておかないと中毒を起こし，ひどいときには命
にかかわります．これらの有毒成分は水溶性なので，粉にした蘇鉄
を何度も丁寧に洗うことが，食用とするための要所です．

　かつて，食べるにも事欠いた沖縄の貧しい経済状況は，「蘇鉄地獄」
と言われました（1920 年代）．匂いが強く，とても美味とはいえず，
場合によっては命さえ落としかねない蘇鉄を食べなければならない
状況は，まるで地獄のようだと形容されたのです．蘇鉄はそんな忌
まわしい記憶も呼び覚ましますが，一方で，沖縄の人々が命がけで
食用とするための技法をあみだしたことも忘れてはならない事実と
いえるでしょう．

練習問題

1. それぞれの動詞の終止形を参考に，アーニ形を使って（　　）の中を埋めなさい.
    a. ジー（　　）〈字を書いて〉（書く＝カチュン kachuN）
    b. バスンカイ（　　）〈バスに乗って〉（乗る＝ヌユン nuyuN）

2. それぞれの動詞の過去形を参考に（　　）の中を埋めなさい.
    a. 熱が出たので，早く寝た.（出た＝ッンジタン 'NjitaN）
      ニチヌ（　　　　），フェーク　ニンタン.
    b. 本を読んだが，分からなかった.（読んだ＝ユダン yudaN）
      スムチ（　　　　），ワカランタン.

3. それぞれの動詞の終止形とテ形を参考に，丁寧形（〜します）と継続・丁寧形（〜しています）を言いなさい.
    カムン kamuN〈食べる〉   カディ kadi〈食べて〉
    トゥブン tubuN〈飛ぶ〉   トゥディ tudi〈飛んで〉
    ウユン 'uyuN〈売る〉   ウティ 'uti〈売って〉

今日のことわざ

デークニヌ　ッンジレー，イサー　イラン
deekuni-nu 'Njiree, 'isaa 'iraN
（大根が出れば，医者は要らない）

  かつて沖縄では，大根は夏が峠を越えた頃に市場に出回るものでした.沖縄の厳しい夏は，蒸し暑いことはいうまでもなく，台風も頻繁に襲来し，伝染病が蔓延するなど，無事に越えるのは大変なことでした.それらがおさまって，ほっと一息，食卓に上った大根の味をかみしめたのでしょうか.

8 イユグムイ
[ヤーチ yaachi] **'iyugumui** ー 魚池（龍潭）

DL 11

先生： チューヤ　ハリトーシガ　チヌーヤ　ウフアミ
　　　　ヤタン．
　　　　chuu-ya haritoo-shiga chinuu-ya 'uhu'ami yataN.

　　　　チヌーヌ　アミサーニ　イユグムイヌ　ミッチ，
　　　　chinuu-nu 'ami-saani 'iyugumui-nu micchi,

　　　　イユヌ　ヌギティ　イチュタン．
　　　　'iyu-nu nugiti 'ichutaN.

　　　　クムイ　ンチャクトゥ　ミジヌ　アンディトータン．
　　　　kumui Ncha-kutu miji-nu 'aNditootaN.

イユグムイ 'iyugumui　龍潭．首里城
　のほとりにある人工池．イユ〈魚〉＋
　クムイ〈池〉
ハリトー haritoo　ハリユンの継続形
　ハリトーンの尾略形．
●ハリユン hariyuN ［動詞］　晴れる．
チヌー chinuu ［名詞］　昨日．
ウフアミ 'uhu'ami ［名詞］　大雨．
ヤタン yataN　〜だった．ヤンの過去
　形．
アミ 'ami ［名詞］　雨．
ミッチ micchi　ミチュンのテ形．
●ミチュン michuN ［動詞］　満ちる．

イユ 'iyu ［名詞］　魚．
ヌギティ nugiti　ヌギユンのテ形．
●ヌギユン nugiyuN ［動詞］　逃げる．
イチュタン 'ichutaN　行ってしまっ
　た．行きよった．★③
ンチャ Ncha　ンジュン〈見る〉の過去・
　尾略形．
ミジ miji ［名詞］　水．
アンディトータン 'aNditootaN　アン
　ディユンの継続・過去形．★②
●アンディユン 'aNdiyuN ［動詞］
　あふれる．

— 78 —

> ヤクトゥ　チューヤ　クムイウゥトーティ
> アシデーナランドー.
> yakutu chuu-ya kumui-wutooti 'ashidee-naraN-doo.

生徒：　ウー，ワカヤビタン.
　　　　'uu, wakayabitaN.

先生：　アンシェー　チューヤ　ウワイ　ヤシガ，ワカラン
　　　　'aNshee chuu-ya 'uwai ya-shiga, wakaraN

　　　　トゥクロー　ネーラニ？
　　　　tukuroo neerani?

生徒：　シンシーサイ，イユグムイウゥテー
　　　　shiNshii-sai, 'iyugumui-wutee

　　　　アシデーナランディヌ　クトー　ワカイビーシガ，
　　　　'ashidee-naraN-di-nu kutoo wakaibii-shiga,

　　　　ウグシクンカイ　ッンジ　アシデーナイビランナー？
　　　　'u-gushiku-Nkai 'Nji 'ashidee-naibiraN-naa?

ヤクトゥ yakutu［接続詞］　だから.

ウゥトーティ wutooti［助詞］　〜で.
　〜において. ★⑤

アシデー 'ashidee　←アシブン〈遊ぶ〉
　のテ形＋ヤ

ウー 'uu［感嘆詞］　はい.

ウワイ 'uwai［名詞］　終わり.

ワカラン wakaraN　ワカユンの否定
　形.

●ワカユン wakayuN［動詞］　分かる.

トゥクロー tukuroo　←トゥクル＋ヤ

ネーラニ neerani　←ネーラン＋ -i

シンシー shiNshii［名詞］　先生.

サイ sai［接尾語］　語の後に付けて
　丁寧の意味を添える. 男性が使う
　ときは〜サイ sai, 女性が使うとき
　は〜タイ tai.

ウゥテー wutee　←ウゥティ＋ヤ

●ウゥティ wuti［助詞］　〜で. ★⑤

ディヌ di-nu　〜という.

ウグシク 'u-gushiku［名詞］　お城.
　首里城.

ッンジ 'Nji　イチュンのテ形. ★①

ナイビランナー naibiraN-naa　なりま
　せんか.

先生：　ウグシコー　ッチュヌ　マンドークトゥ
'u-gushikoo cchu-nu maNdoo-kutu

チー　チキランダレーナランドー.
chii chikiraN-daree-naraN-doo.

生徒：　ウー.　ンナマジュン　アシビーガ
'uu. Nna-majuN 'ashibii-ga

イチャビークトゥ　チムヂューサイビーン.
'ichabii-kutu chimujuusaibiiN.

先生：　マルケーティナーヤ　スムチン　ユマニ！
marukeeti-naa-ya sumuchi-N yumani!

ッチュ cchu ［名詞］　人.　★⑥
●マンドーン maNdooN　たくさんい
　る. もっぱら継続形で用いる.
チー chii ［名詞］　気.
チキラン chikiraN　チキユンの否定形.
●チキユン chikiyuN ［動詞］　付ける.
ダレーナラン daree-naraN　～しなけ

ればならない.　★④
マジュン majuN ［副詞］　一緒に.
●チムヂューサン chimujuusaN ［サ形
　容詞］　心強い. ＜肝強さ
マルケーティナーヤ marukeeti-naa-ya
　たまには.

【訳】

先生：今日は晴れているけれど昨日は大雨だった.
　　　昨日の雨で龍潭が満ちて，魚が逃げて行った.
　　　池を見たところ水があふれていた.
　　　だから，今日は池で遊んではいけないよ.
生徒：はい，わかりました.
先生：それでは今日は終わりだが，わからないところはないか？
生徒：先生，龍潭で遊んじゃいけないことはわかりますが,
　　　お城に行って遊ぶのもいけませんか？
先生：お城は人が多いから気をつけないといけないよ.
生徒：はい，みんなで一緒に遊びに行きますから大丈夫です.
先生：たまには本でも読まないか！

【解説】

①不規則動詞

「行く」「来る」「言う」「する」など，よく使われる動詞には不規則な変化をするものがあります.

1) イチュン ˈichuN 〈行く〉

イチュンは，過去形・テ形・継続形などを作るための音便語幹だけが「行く」ではなく「往ぬ」に由来する形を使います．ですから「行った」がッンジャン ˈNjaN というふうに不規則な変化をします.

— 81 —

基本語幹 'ik-	【否定形】	イカン 'ikaN 〈行かない〉
	【命令形】	イキ 'iki，イケー 'ikee 〈行け〉
連用語幹 'ich-	【終止形】	イチュン 'ichuN 〈行く〉
	【丁寧形】	イチャビーン 'ichabiiN 〈行きます〉
	【アーニ形】	イチャーニ 'ichaani 〈行って〉
音便語幹 'Nj-	【テ形】	ッンジ 'Nji 〈行って〉
	【過去形】	ッンジャン 'NjaN 〈行った〉
	【継続形】	ッンジョーン 'NjooN 〈行っている〉

2) チューン chuuN 〈来る〉

共通語でも「来る」という動詞は「来る，来ない，来ます……」のように不規則な活用をしますが，沖縄語でも不規則活用です．

（基本語幹 k-）	【否定形】	クーン kuuN 〈来ない〉
	【命令形】	クー kuu，クーワ kuuwa 〈来い〉
連用語幹 ch-	【終止形】	チューン chuuN 〈来る〉
	【丁寧形】	チャービーン chaabiiN 〈来ます〉
	【アーニ形】	チャーニ chaani 〈来て〉
音便語幹 (c)ch-	【テ形】	ッチ cchi 〈来て〉
	【過去形】	チャン chaN 〈来た〉
	【継続形】	チョーン chooN 〈来ている〉

3) ッユン 'yuN 〈言う〉

ッユンは基本語幹から作る否定形がッヤン 'yaNとなります．また，音便語幹から作るテ形，過去形，継続形などは口蓋化してチャ行で現われます．

— 82 —

基本語幹 'y-	【否定形】	ッヤン 'yaN〈言わない〉
'ir-	【命令形】	イリ 'iri, イレー 'iree〈言え〉
連用語幹 'y-	【終止形】	ッユン 'yuN〈言う〉
	【丁寧形】	ッヤビーン 'yabiiN〈言います〉
	【アーニ形】	ッヤーニ 'yaani〈言って〉
音便語幹 'ich-	【テ形】	イチ 'ichi〈言って〉
	【過去形】	イチャン 'ichaN〈言った〉
	【継続形】	イチョーン 'ichooN〈言っている〉

4) スン suN〈する〉

共通語でも「する」という動詞は「する，しない，すれば……」のように不規則な活用をしますが，沖縄語でも不規則活用です．

基本語幹 (s)s-	【否定形】	サン saN〈しない〉
	【命令形】	ッシ sshi, シェー shee〈しろ〉
連用語幹 s-	【終止形】	スン suN〈する〉
	【丁寧形】	サビーン sabiiN〈します〉
	【アーニ形】	サーニ saani〈して〉
音便語幹 (s)s-	【テ形】	ッシ sshi〈して〉
	【過去形】	サン saN〈した〉
	【継続形】	ソーン sooN〈している〉

②継続・過去形

動詞の継続形の過去形は，継続形からン N を取り，タン taN を付けて作ります．

　　アンディユン 'aNdiyuN

　→【継続形】アンディトーン 'aNditooN〈あふれている〉

→【継続・過去形】アンディトータン 'aNditootaN
〈あふれていた〉

連体形の場合はアンディトータル 'aNditootaru となります.

③シヨッタ形

イユヌ　ヌギティ　イチュタン 'iyu-nu nugiti 'ichutaN という文
が例文にあります. 〈魚が逃げて行ったよ〉という意味ですが, こ
の 'ichutaN（**動詞の尾略形＋taN**）という形はちょっと共通語に訳
しにくいのです. これは話し手が見たり聞いたりしたことを人に伝
えるときに使う表現で, 西日本方言の「〜しよった」という言い方
に似ています.

この形の丁寧形はイチャビータン 'ichabiitaN, つまり動詞の連用
語幹＋アビータン -abiitaN（ラ行動詞の場合はイビータン -ibiitaN）
です. 通常の丁寧・過去形のアビタン -abitaN（イビタン -ibitaN）と
比べると, ビ bi の音がビー bii と長くなっています. この「〜ビー
タン」という長い形は, 継続形やサ形容詞の丁寧・過去形と同じで
すね.（→第7課）

④「〜しなければならない」

「〜しなければならない」という義務は,「**動詞の否定形＋ダレー
ナラン daree-naraN**」という形で表わします. ナランはナユン〈成る〉
の否定形ですので, 共通語の「〜しなければならない」と同じ形で
すね. 丁寧に言う場合は「**ダレーナイビラン daree-naibiraN**」〈〜し
なければなりません〉とします.

ッヤンダレーナラン. 'yaN-**daree-naraN**.

— 84 —

〈言わなければならない.〉

フェーク　ニンダンダレーナイビラン.

hweeku niNdaN-**daree-naibiraN**.

〈早く寝なければなりません.〉

⑤「～で」：場所の助詞

動作の行なわれる場所を表わす助詞〈～で〉には, ウゥティとウゥトーティがあります.

クマウゥティ　マッチョーリヨー.

kuma-**wuti** macchoori-yoo.〈ここで待っていろよ.〉

イヨー　ナーファウゥトーティ　ウラットーン.

'iyoo naahwa-**wutooti** 'urattooN.〈魚は那覇で売られている.〉

最近ではンジ Nji という言い方もあります.

アマンジ　ニントーンドー. 'ama-**Nji** niNtooN-doo.

〈あそこで寝ているよ.〉

⑥ッチュとックヮ

沖縄語には, 語頭に促音がくるという, 共通語にはない発音の単語があります. よく使われる次の二つを覚えておきましょう.

ッチュ cchu〈人〉

ックヮ kkwa〈子〉

ナカユクイ nakayukui〈一休み〉

■ウグシクとイユグムイ

　沖縄には、かつて琉球という王国がありました。その中心であり、統治者である尚氏の居城が首里城です。『おもろさうし』などでは真玉杜 城〈優れた、立派な城〉と称されました。沖縄でウグシク 'u-gushiku〈お城〉といえば首里城のことを指すことが多いようです。第二次世界大戦時に日本軍の司令本部が置かれたため跡形もなく破壊されてしまいましたが、近年復元され、現在は国立公園として一般に公開されています。

　イユグムイ 'iyugumui とは、本来"魚の池"の意ですが、首里城のお膝元にある人工池「龍潭」を指しています。「魚の池」の名の通り、現在は鮒や鯉、テラピアなどの魚たちが優雅に泳ぎ、亀やアヒルも住みついて、首里のシンボルとなっています。

あいさつ（エーサチ 'eesachi）

こんにちは：チューウゥガナビラ chuu-wuganabira
ありがとうございます：ニフェーデービル nihwee-deebiru
ごめんください：チャービタン chaabitaN ／チャービラサイ chaabira-sai（男性が使う）／チャービラタイ chaabira-tai（女性が使う）／ユシリヤビラ yushiriyabira（非常に丁寧な言い方）
いらっしゃい：メンソーレー meNsooree ／メンシェービティー meNsheebitii
お元気ですか？：ウガンジュー　ッワーチミシェービティー？ 'u-gaNjuu 'waachi-misheebitii?（目上に対して）／アッチョーミ？ 'acchoo-mi?（目下・同輩に対して。直訳は「歩いてるか？」）
失礼します：グブリー　サビラ gu-burii sabira

練習問題

1. 次の動詞の否定形とテ形を言いなさい.

イチュン 'ichuN 〈行く〉　　　ッユン 'yuN 〈言う〉

チューン chuuN 〈来る〉　　　スン suN 〈する〉

2. 問題1の動詞のアーニ形と過去形を言いなさい.

3. 問題1の動詞の「～しなければならない」の形を言いなさい.

4. ( ) に (ンカイ, ウゥトーティ, ヤ) の中から適当な助詞を入れなさい.

a. ッヤー ( ) イクチ ナトーガ?

〈君は (年齢は) いくつ?〉

b. マー ( ) アガ? 〈どこに有るのか?〉

c. クマ ( ) マッチョーケー. 〈ここで待っていろ.〉

今日のことわざ

キーヌ　マガイヤ　チカーリユシガ
ククルヌ　マガイヤ　チカーラン

kii-nu magai-ya chikaariyu-shiga kukuru-nu magai-ya chikaaraN

（木の曲がったものは使えるが, 心の曲がったものは使えない）

マガイ magai は「湾曲したもの」全般をいい, 海の「湾」を意味することもあります. チカユン chikayuN〈使う〉に可能の助動詞リユン -riyuN（→第10課）を付ければチカーリユン chikaariyuN〈使える〉となります. 沖縄の文学やことわざには, ククル〈心〉やチム〈肝=心〉について述べたものがたくさんあります.

— 87 —

■ 感嘆詞 ■

沖縄語の感嘆詞は独特のものが多いので，覚えておくと楽しく話せるようになります．

トー too は，「トー，ディッパグヮー　ナトーサ〈うん，立派になっているよ〉」と相手をほめたり，「トー，ナー，デージナトーン〈ほら，もう，大変な事になっている〉」と言いきかせたりする場面で使います．飲み物を注いでもらっているときに「トー，トー，トー」と繰り返すと「そろそろいいよ」という意味で，強く「トー！」と言えば「ストップ！」になります．

「ダー，ワンニンカイ　マカチョーケー〈どれ，俺にまかせておけ〉」というふうに，相手に何か要求する場合にはダー daa を使います．「ダー，ネーラン　サニ〈そらみろ，無いじゃないか〉」というような使い方もできます．トーやダーを年長者に対して用いるときにはトーサイ too-sai，ダータイ daa-tai とサイ（男性が用いる）やタイ（女性が用いる）を付けないと失礼になるので注意してください．

アリ 'ari やウリ 'uri は，代名詞のアリ〈あれ〉・ウリ〈それ〉と同じ語形．「あら！」「そら！」というほどの意味で，急いで相手に注意を促す場合に使います．ウリヒャー 'urihyaa という形もあります．

他に驚きを表わす感嘆詞としては，アイエーナー 'aieenaa，アネ 'ane，アキサミヨー 'akisamiyoo などがあります．ミシナーク mishinaaku〈（指を鳴らしながら）なんとまあ！〉やアキヨー 'akiyoo〈あらまあ〉など，女性が用いる感嘆詞もあります．

■ 文法化 ■

共通語で「〜において」という，動作が行なわれる場所を示す助詞のようなものがありますが，これはもともと「置く」のテ形「置きて」に由来しています．また，「書いている」などという時に用いる「〜している」の「いる」も，人間や動物の存在を表わす「ゐる」が助動詞的に使われるようになったものです．

このように，もともとは自立していた単語が次第にその独立性を失い，助詞・助動詞のような付属語に変化してゆく現象を「文法化」と言います．

沖縄語では，場所を表わす助詞ウゥティ wuti，ウゥトーティ wutooti や，手段を表わす助詞ッシ sshi，サーニ saani などがそのようにしてできた例として挙げられます．ウゥティは動詞ウゥン wuN〈いる〉のテ形ウゥティ wuti が，ウゥトーティはウゥンの継続・テ形ウゥトーティ wutooti が文法化したものですし，ッシ sshi は動詞スン suN〈する〉のテ形が，サーニ saani もスンのアーニ形が文法化したものです．

動詞だけでなく，名詞にもこの現象は見られます．沖縄語で〈〜だから〉をクトゥ kutu といいますが，これはものごとの「事」という語が文と文をつなぐ語に文法化したものです．

— 89 —

9

[クヌチ kukunuchi]

ウシーミー
'u-shiimii

清明祭

DL 12

タンメー：チューヤ　ウシーミー　ヤシガ　ッワーチチェー
chuu-ya 'u-shiimii ya-shiga 'waachichee

チャー　ナトーガ, タルー.
chaa natoo-ga, taruu.

タルー　：マクトゥニ　イィー　ティンチ　デービル.
makutu-ni yii tiɴchi deebiru.

ウゥジャサー：タルー, ッヤーヤ　ティガネー
taruu, 'yaa-ya tiganee

サンダレーナランドー.
saɴ-daree-naraɴ-doo.

ウシーミー 'u-shiimii［名詞］ 清明祭.
　★ナカユクイ
タンメー taɴmee［名詞］祖父.
　★①②
●ッワーチチ 'waachichi［名詞］ 天気.
マクトゥ makutu［ナ形容詞］ 本当. <
　誠
ティンチ tiɴchi［名詞］ 天気.
デービル deebiru　〜です. 〜でござ
　います. (→第12課)
ウゥジャサー wujasaa［名詞］ おじ.

★①
ティガネー tiganee ［名詞］ 手伝い.

タルー　：ウー. ナマカラ　アヤー　ティガネー
　　　　　シーガ　イチャビラ.
　　　　　'uu. nama-kara 'ayaa tiganee shii-ga 'ichabira.

アヤー　：ナー　クマー　スガイマヌガイ　シマチャンドー.
　　　　　naa kumaa sugai-manugai shimachaN-doo.

　　　　　タルー, ウットゥヌチャーヤ？
　　　　　taruu, 'uttu-nu-chaa-ya?

タルー　：ウゥバマー　トゥクルンカイ　ウゥイビーン.
　　　　　wubamaa tukuru-Nkai wuibiiN.

ターリー：ナー　ウファカンカイ　イチュクトゥ
　　　　　naa 'u-hwaka-Nkai 'ichu-kutu

　　　　　エージ　ッシ　クー.
　　　　　'eeji sshi kuu.

タルー　：ウー.
　　　　　'uu.

ナマ nama ［名詞］ 今.

アヤー 'ayaa ［名詞］ 母. ★①②③

イチャビラ 'ichabira　行きましょう.
　イチュンの丁寧形イチャビーンの
　志向形.

クマー kuma　ここは. ←クマ＋ヤ

スガイマヌガイ sugai-manugai ［名詞］
　準備万端.

シマチャン shimachaN　シマスンの過
　去形.

●シマスン shimasuN ［動詞］ 済ます.

ウットゥヌチャー 'uttu-nu-chaa ［名

詞］年下の者たち. 弟・妹たち.
　男女の別はない. ★①

ウゥバマー wubamaa ［名詞］おば.
　★①③

ウゥイビーン wuibiiN　居ります.
　ウゥン wuN の丁寧形.

ターリー taarii ［名詞］ 父. ★①②

ウファカ 'u-hwaka ［名詞］　お墓.

エージ 'eeji ［名詞］　合図.

ッシ sshi　スン〈する〉のテ形.

クー kuu　チューン〈来る〉の命令形.

― 91 ―

【訳】

祖父：今日は清明祭だが，天気はどうなっている，太郎？
太郎：とても良いお天気です．
おじ：太郎，お前は手伝いをしないといけないよ．
太郎：はい．今からお母さんの手伝いをしに行きます．
母　：もうここは準備万端，整ったよ．太郎，下の子たちは？
太郎：おばさんの所にいます．
父　：もうお墓に行くから呼んでこい．
太郎：はい．

【解説】

①家族・親族を表わす言葉

文中の登場人物を中心に図示すると，次のようになります．

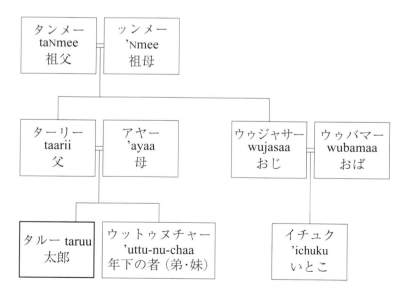

— 92 —

家族を表わす語彙には語源的に興味深いものがたくさんあり，それぞれ次のように考えられています．

父：ターリー taarii……中国語の「大人」からの転化

祖父：タンメー taɴmee……ターリーに尊敬の意を表わすメーmee〈前〉がついた「ターリーメー」からの転化

祖母：ッンメー 'ɴmee……「御前」からの転化

【結婚に関する言葉】

結婚：ニービチ niibichi（＜根引_{ねびき}）

夫婦：ミートゥ miitu（＜夫婦_{めおと}），ミートゥンダ miituɴda

夫：ウゥトゥ wutu　　妻：トゥジ tuji（＜刀自_{とじ}）

舅・姑：シトゥ shitu（＜舅_{しゅうと}）

嫁：ユミ yumi　　婿：ムーク muuku

親：ウヤ 'uya　　両親：フタウヤ huta'uya（＜双親_{ふたおや}）

【子供や兄弟に関する言葉】

子：第三者に話をする際，自分の子はックヮ kkwa といい，よその家の子供にはウミングヮ 'umiɴgwa を使います．

　息子・娘の区別をするときはウィキガングヮ wikigaɴgwa（男の子）・ウィナグングヮ winaguɴgwa（女の子）といいます．

　一人っ子はチュイングヮ chuiɴgwa，ふたごはターチューtaachuu といいます．

兄弟姉妹：チョーデー choodee ともウットゥシージャ 'uttu-shiija ともいいます．ウットゥ 'uttu は年下，シージャ shiija は年上の者を指し，男女の区別はありません．しかし女性から男の兄弟に対してはウィキー wikii，男性から姉妹に対し

— 93 —

てはウゥナイ wunai という呼び方があります．沖縄ではこ
のウゥナイウィキー wunai-wikii の関係をとても大切にしま
す．昔は男性が長旅にでるときはウゥナイからティーサー
ジ（ティンサージ）〈手拭い〉などをもらい，それをお守り
がわりに大切にしたということです．

【親族に関する言葉】
　沖縄は，ッウェーカ 'weeka といわれる親族とのつき合いが深い
ことで知られています．イチュク 'ichuku〈従兄弟〉はもちろんの
こと，マタイチュク mata 'ichuku〈又従兄弟〉ぐらいまでふだんか
らつきあいがあり，冠婚葬祭や年中祭祀の時にはみんなが集まって
大変な人数になるのが普通です．こうしたつきあいでは，父方，母
方の区別はあまりしません．この他に，ムンチュー muNchuu〈門中〉
という父系の血族集団があります．これはかつての士族階層を中心
として沖縄本島中南部に多く見られ，ムートゥ muutu と呼ばれる宗
家とユダチ yudachi と呼ばれる分家で構成されています．

②士族と平民
　沖縄（特に首里）にはかつて王族・士族・平民という三つの階級
があり，それぞれで用いられる言葉が違っていました．
　王家および按司（琉球王国時代に首里に集められた各地の支配者）とそ
の家族はデーミョー deemyoo〈大名〉，デーミョーにつかえる士族
階級はサムレー samuree〈侍〉あるいはユカッチュ yukacchu〈裕福
な人〉，その他の平民階級はヒャクショー hyakushoo〈百姓（農業に
従事しない人をも含む）〉と呼ばれました．昔はこの階級制度が厳しく
守られており，士族の子弟は士族の言葉を習得するよう家庭で厳し

く躾けられたといいます.

　現在では家族を表わす語にこの違いが残っています. 下の表を見てください.

	【士族】	【平民】
祖父	タンメー taɴmee	ウスメー 'usumee
祖母	ッンメー 'ɴmee	ハーメー haamee
父	ターリー taarii	スー suu
母	アヤー 'ayaa	アンマー 'aɴmaa
兄	ヤッチー yacchii	アフィー 'ahwii
姉	ッンミー 'ɴmii	アングヮー 'aɴgwaa

　ただし，この区別も相手の家がかつてどの階級に属していたかが明確である場合に限られ，またこのような階級がなくなった現在ではかえって失礼になることもあります. この本では士族の言葉を中心とし（現在の沖縄語で失われつつある言葉は除きます），特に平民の言葉と使い分けることはしていません.

③「〜の」

　共通語で「星の名」のように，名詞と名詞を結ぶ「〜の」にあたる表現は，沖縄語では以下の3つがあります.

1) ヌ nu

　助詞ヌ nu で「〜の」を表わします. ほとんどの名詞の後に付きます.

　　トゥイヌ　クス tui-**nu** kusu 〈鳥の糞〉

— 95 —

2) ガ ga

共通語でも「我が国」のように「が」で「～の」の意味を表わす用法があります．沖縄語では人称代名詞のアリ 'ari〈彼，彼女〉とウンジュ 'uNju〈あなた〉の後にはこのガしか使えません．

アリガ　ムン　ヤサ． 'ari-ga muN ya-sa.〈彼のものだよ．〉

ウンジュガ　ナサキ 'uNju-ga nasaki〈あなたの情け〉

3) 助詞を付けない

人を表わす言葉や人称代名詞（アリ，ウンジュを除く），疑問詞の後には，助詞を使わずに「～の」の意を表わすことができます．

ウゥバマー　トゥクル wubamaa tukuru〈おばの所〉

ヌー　シクチ　ヤガ？ nuu shikuchi ya-ga?〈何の仕事だ？〉

ワッター　フニ wattaa huni〈私たちの船〉

今日のことわざ

チチヂムドゥ　カナシヂム
chichijimu-du kanashijimu
（なついてくる者ほどかわいいものだ）

チチヂムとは，「付き」が口蓋化したチチと，「肝」（「心」の意味）からできている言葉で，「ついてくる（なついてくる）心」のこと．カナシは，『万葉集』4106番の「父母を見れば尊く，妻子見ればばかなしくめぐし」などにみられる古語「かなし」にあたり，「かわいい，愛しい」の意味です．

このことわざは，慕ってくる者（＝取り巻き）だけを可愛がる，という意味ではありません．どちらかというと「愛しく思えばこそ，自分の身内のように接することができる」というようにポジティブに使われています．

— 96 —

ナカユクイ nakayukui〈一休み〉

■ウシーミー（清明祭）って何？

旧暦3月の「清明節」に行なわれる祖先供養の行事のことです．清明祭は，神御清明（カミウシーミー kami-'u-shiimii）と清明祭（ウシーミー 'u-shiimii. シーミー shiimii とも呼ばれる）とに区別されます．

カミウシーミーは，前述のムンチューやハラ hara と呼ばれる血縁集団が費用を出し合って宗家（ムートゥヤー muutuyaa）で料理を作り，先祖代々のお墓などを巡拝するものです．

ウシーミーは墓前祭で，ムンチューやハラの人々が集まって酒や重箱料理などを供え，紙銭であるウチカビ 'uchikabi を焼いたり，線香をあげたりします．

清明祭は祖先祭祀ですが，晴天の続く季節なので行楽の要素も強く，その点ではヤマトの「彼岸参り」に似ています．

なお，沖縄本島北部や宮古・八重山・久米島などでは清明祭はあまり盛大に行なわれません．この地域では旧暦の1月16日に行われるジュールクニチー juurukunichii〈16日〉に，墓前に酒や供物を供えたりします．

10 スグラッタン
[トゥー tuu] sugurattaN

殴られた

DL 13

ウシー ：ウェーン．ウェーン．
weeN. weeN.

タンメー：ヌーンチ　ナチョーガ？
nuuNchi nachoo-ga?

マチュー：クレー　ターリーンカイ　スグラッティ
ナチョーイビーン．
kuree taarii-Nkai suguratti nachooibiiN.

タンメー：ヌーガ　ヌーンチ？
nuu-ga nuuNchi?

ウシー ：ワンネー　ワルコーネービランムンヌ．
waN-nee warukoo-neebiraN-muNnu.

スグラッタン sugurattaN　スグユンの
受身・過去形．★③
●スグユン suguyuN［動詞］殴る．
ウシー 'ushii［人名］牛（幼名）．
ヌーンチ nuuNchi［疑問詞］どうし
て．
ナチョー nachoo　ナチュンの継続形
ナチョーンの尾略形．
●ナチュン nachuN［動詞］泣く．
マチュー machuu［人名］松（幼名）．

ワンネー waN-nee　私は．（→第12課）
ワルコー warukoo　ワッサンの連用
形＋ヤ．★①
●ワッサン wassaN［サ形容詞］悪い．
ネービラン neebiraN　ネーン〈ない〉
の丁寧形．
ムンヌ muNnu　～だのに．～よ．
フィージャー hwiijaa［名詞］山羊．
カイ kai　カインの尾略形．
●カイン kaiN［動詞］刈る．カユン

— 98 —

マチュー：フィージャーヌ　クサ　カイシェー　ウシー
　　　　　hwiijaa-nu kusa kai-shee 'ushii

　　　　　タマシ　ヤイビーシガ,
　　　　　tamashi yaibii-shiga,

　　　　　ナママディ　サンルータートゥ
　　　　　nama-madi saNruu-taa-tu

　　　　　フリアシビ　ソーイビータン.
　　　　　huri'ashibi sooibiitaN.

タンメー：ナーダ　ヤムミ？　ヤシガヨー　ウシー,
　　　　　naada yamu-mi? yashiga-yoo 'ushii,

　　　　　クヌ　クトー　ッヤーガドゥ　ワッサル.
　　　　　kunu kutoo 'yaa-ga-du wassaru.

　　　　　ドゥーヌ　シクチェー　ディッパ　サンネー
　　　　　duu-nu shikuchee dippa saN-nee

　　　　　ムノー　カマランドー.
　　　　　munoo kamaraN-doo.

ウシー　：ウェーン.　ウェーン.
　　　　　weeN. weeN.

とも.

シェー shee　〜のは.　←シ＋ヤ

タマシ tamashi［名詞］　役目.

サンルー saNruu［人名］　三郎.

フリアシビ huri'ashibi［名詞］　遊び
　ほうけること.＜惚れ遊び

ワッサル wassaru　ワッサンの連体形.

●シクチ shikuchi［名詞］　仕事.

ディッパ dippa［副詞］　立派に.沖
　縄語ではrとdがよく音の交替を

起こす.

サンネー saN-nee　しないと.

ムノー munoo　←ムヌ＋ヤ

●ムヌ munu［名詞］　食べ物.ふつ
　うの物をさすときは「ムン」.

カマラン kamaraN　カムンの未然形＋
　リーンの否定形.

●カムン kamuN［動詞］　食べる.

●リーン riiN［助動詞］　〜れる.〜
　られる.　★⑥

マチュー：ウシー，ナー　ナカンケー.
　　　　　'ushii, naa nakaN-kee.

　　　　　トー，マジュン　クサ　カイガ　イカ.
　　　　　too, majuN kusa kai-ga 'ika.

ウシー　：ヤッチー！
　　　　　yacchii!

マチュー：ッヤー　チュイ　ヤラチ　クサカイ　シミーネー，
　　　　　'yaa chui yarachi kusakai shimii-nee,

　　　　　イチガ　ナイラ　ワカランクトゥヤー.
　　　　　'ichi-ga naira wakaraN-kutu-yaa.

　　　　　ッヤーヤ，ティーニーサクトゥヤー.
　　　　　'yaa-ya, tiiniisa-kutu-yaa.

タンメー：ヤサ！　マルケーティヌ　ティガネー　ヤルムヌ.
　　　　　ya-sa! marukeeti-nu tiganee yaru-munu.

　　　　　マジュン　ッンジ　クー！
　　　　　majuN 'Nji kuu!

タイ　　：ウー！
　　　　　'uu!

ナカン nakaN　ナチュンの否定形.
トー too［感嘆詞］ほら. よし.
カイガ kai-ga　刈りに. ★②
ヤッチー yacchii［名詞］兄. 兄さん.
チュイ chui［名詞］一人.
ヤラチ yarachi　ヤラスンのテ形.
●ヤラスン yarasuN［動詞］遣らせ
　る. 行かせる.
シミーネー shimii-nee　させたら.
　　★②④

●ネー nee［助詞］〜すると.
イチ 'ichi［疑問詞］何時.
ナイラ naira　ナイン〈なる〉の推量形.
　前のガと係り結び. ★⑤
●ティーニーサン tiiniisaN［サ形容詞］
　手がのろい.
マルケーティ marukeeti　たま.
ムヌ munu　〜よ.
タイ tai［名詞］二人.

【訳】

牛	：エーン．エーン．
おじいさん	：どうして泣いているのか？
松	：こいつはおとうさんに段られて泣いているんです．
おじいさん	：いったいどうして？
牛	：わたしは悪くないんですよ．
松	：山羊の草を刈るのは牛の役目ですが， 今まで三郎たちと遊びほうけていたのです．
おじいさん	：まだ痛いか？　だけど牛よ，このことはお前が悪い． 自分の仕事をちゃんとしないとごはんが食べられないぞ．
牛	：エーン．エーン．
松	：牛，もう泣くなよ．ほら，一緒に草刈りに行こう．
牛	：兄さん！
松	：お前一人を行かせて草刈りさせたら 何時になるかわからないからな． お前は手（仕事）がのろい．
おじいさん	：そうだ，たまの手伝いだよ．一緒に行って来い！
二人	：はい！

【解説】

①サ形容詞の否定形・動詞継続形の否定形

　　サ形容詞の否定形は「サ形容詞の連用形＋ヤ ya ＋ネーン neeN（あるいはネーラン neeraN）」で作りますが，その際に連用形の語尾ク ku とヤ ya が音変化を起こしてコー koo となり（→第3課），「～コーネーン -koo-neeN（あるいは～コーネーラン -koo-neeraN）」となるのが特徴です．

　　　ワルコーネーン warukoo-neeN〈悪くない〉

　　　ナチカシコーネーラン nachikashikoo-neeraN〈悲しくない〉

— 101 —

動詞の継続形を否定形にするときは，「テ形＋ヤ ya ＋ウゥラン wuraN」で作りますが，やはりヤ ya が付くときの音変化が起こります．

ユデーウゥラン yudee-wuraN〈読んでいない〉

ハカテーウゥラン hakatee-wuraN〈計っていない〉

② 「～しに」と「～すると」

〈～しに〉を意味する**ガ ga** と，〈～すると，～するときに〉を意味する**ネー nee**（→第 7 課）は，どちらも「動詞の連用形＋i」の後に付きます．

アシビーガ 'ashibi-i-ga〈遊びに〉

アシビーネー 'ashibi-i-nee〈遊ぶと〉

ただし，ラ行動詞の場合は i を付けず，連用形にそのまま接続します．

カイガ kai-ga〈刈りに〉

カイネー kai-nee〈刈ると〉

③ 「～される」：受身

受身〈～される〉は助動詞**リユン -riyuN**（もしくは**リーン -riiN**）を付けて表わします．リユン，リーンの前の動詞は未然形（否定形から -N を除いたもの．志向形と同形）になります．

クースン kuusuN〈壊す〉→クーサン kuusaN【否定形】

クーサリユン kuusa-**riyuN**〈壊される〉【受身】

リユンの過去形は**ッタン -ttaN**（リタン -ritaN からの変化）です．

— 102 —

スグユン suguyuN〈殴る〉→スグラン suguraN【否定形】

スグラリユン sugura-riyuN〈殴られる〉【受身形】

スグラッタン sugura-ttaN〈殴られた〉【受身・過去形】

「〜に〜された」という表現の際の「〜に」には，ンカイ Nkai を
使います.

アリンカイ　イシ　ナギラッタン.

'ari-Nkai 'ishi nagira-ttaN.〈彼に石を投げられた.〉

ッウェンチュンカイ　ッンム　カカジラッタン.

'weNchu-Nkai 'Nmu kakajira-ttaN.〈鼠に芋をかじられた.〉

④「〜させる」：使役

使役〈〜させる〉は助動詞スン -suN を付けて表わします. スン
の前の動詞も未然形になります.

ウットゥンカイ　ジー　カカスン.

'uttu-Nkai jii kaka-suN.〈弟（妹）に字を書かせる.〉

ガンマリ　シーネー　アマンカイ　タタスンドー.

gaNmari shii-nee 'ama-Nkai tata-suN-doo.

〈いたずらしたらあそこに立たせるよ.〉

ただし，動詞スン suN〈する〉の使役表現は，シミユン -shimiyuN（も
しくはシミーン -shimiiN）〈させる〉となります. またサ行動詞を
使役表現にする場合は，たとえばナガスン nagasuN〈流す〉ならナ
ガシミユン naga-shimiyuN というふうに，終止形の末尾 -suN を取っ
た形にシミユン，シミーンを付けます.

アリンカイ　シミユン

— 103 —

'ari-Nkai **shimiyuN**〈彼にさせる〉

クサカイ　シミユン

kusakai **shimiyuN**〈草刈りさせる〉

ミジ　ナガシミユン

miji naga-**shimiyuN**〈水を流させる〉《サ行動詞》

⑤推量形：係り結び2

　例文中のッヤーガドゥ　ワッサル 'yaa-ga-du wassaru〈お前（こそ）が悪い〉のように，係助詞ドゥ du を用いた係り結びについては第3課でふれました．沖縄語ではこれ以外に，疑問・推量＝〈〜か，〜だろうか〉の意味を持つ係り結びがあり，疑問の係助詞ガ ga に呼応して，結びは-ラ ra となります．

　　　ターガ　ヤラスラ　ワカラン．**taa-ga** yarasu**ra** wakaraN.

　　　〈誰を行かせるかわからない．〉

　この本ではこのラで終わる形を「**推量形**」と呼ぶことにします．推量形は，連用語幹に -ura（ラ行動詞は -ira でも良い）を付けて作ります．たとえばラ行動詞ナユン nayuN（ナイン naiN）〈なる〉の場合は，ナユラ nayura もしくはナイラ naira のどちらも使えます．

　　　イチガ　ナイラ（ナユラ）．'ichi-ga naira (nayura).

　　　〈いつになるだろうか．〉

　また，次のように格助詞ガ ga の後に続く場合もあります．

　　　アリガガ　ユムラ．'ari-ga-ga yumura.〈彼が読むだろうか．〉

⑥沖縄語の助動詞

すでに出てきたものを含めて，助動詞をまとめておきましょう．

1) 動詞の未然形（志向形）に接続するもの

リユン -riyuN，リーン -riiN〈〜れる，〜られる〉

（受身・可能・自発）

スン -suN〈〜させる〉（使役）

2) 動詞の連用形に接続するもの

ギサン -gisaN〈〜そうだ〉（推定）

カマデーガ　ナチギサン．kamadee-ga nachi-gisaN.

〈カマデー（人名）が泣きそうだ．〉

ミシェーン -misheeN〈お〜になる〉（尊敬）

タンメーガ　ジー　カチミシェーン．

taNmee-ga jii kachi-misheeN.〈おじいさんが字をお書きになる．〉

ブサン -busaN〈〜したい〉（希望）

ヤーヌン　イチブサッサー．yaanu-N 'ichi-busa-ssaa.

〈来年も行きたいなあ．〉

ユースン -yuusuN〈〜ことができる〉（可能）

ワンネー　サンシン　フィチユースン．

waN-nee saNshiN hwichi-yuusuN.〈私は三線が弾ける．〉

3) 連用語幹に接続するもの

アギユン -agiyuN，アギーン -agiiN〈〜しつつある〉（進行）

ミジヌ　アンディヤギーン．miji-nu 'aNdiyagiiN.

〈水があふれつつある．〉

4) 連体形あるいは「名詞＋ヌ」に接続するもの

グトーン -gutooN〈〜のようである〉（比況）

イチゲーユル　グトーン．'ichigeeyuru gutooN.〈生き返るよ

うだ.〉

ハチャーヌ　グトール　ガマク hachaa-nu gutooru gamaku 〈蜂のような（プロポーションの）腰〉

ナカユクイ nakayukui 〈一休み〉

■フィージャー

　沖縄の人々にとって，フィージャー hwiijaa〈山羊〉はなくてはならないものといえるでしょう．お祝い事に山羊とフーチバー huuchibaa〈よもぎ〉のフィージャージル〈山羊汁〉は欠かせません．ご近所や親戚の家で「山羊を潰した」という知らせを聞きつけると，うれしくて顔がゆるんでしまうほどです．山羊は滋養強壮に優れていますが，独特のにおいがするため初めは食べにくいかもしれません（慣れるとそのにおいがたまらなくなるのですが）．注意事項をひとつ．山羊は脂が非常に多いので，山羊汁と同時に冷たいものを食べてはいけません．脂が固まって消化不良を起こしてしまうのです．一緒にビールをがぶがぶ飲むのは避けましょう．

　フィージャーは刺身でも食べます．といってもタタキのように表面を火であぶったものですが，汁物のように強烈なにおいはなく，比較的「初心者向け」です．酢醤油で食べるのが一般的です．

　かつてフィージャーは，各家庭で畑仕事に従事しない子どもたちなどが世話をするのが一般的でした．昔の子どもは山羊がどういう草を食べるかということまでよく知っていたそうです．しかし，今では家庭で山羊を飼うのは非常に珍しくなっています．

練習問題

1.《　　　》を参考に，次の（　　　　）を埋めなさい.
　　a. トゥインカイ（　　　　　）. 〈にわとりに逃げられた.〉
　　　　　　　　《否定形〈逃げない〉→フィンギラン hwiNgiraN》
　　b. ワラビ（　　　　　）. 〈子どもを遊ばせる.〉
　　　　　　　　《否定形〈遊ばない〉→アシバン 'ashibaN》

2.《　　　》を参考に，次の（　　　　）を埋めなさい.
　　a. アレー　ジョージナ　ジー（　　　　　）.
　　〈彼は上手な字を書きそうだ.〉《〈書く〉の連用形→カチ kachi》
　　b. ナマー　スムチ（　　　　　）. 〈今は本を読みつつある.〉
　　　　　　　　《〈読む〉の終止形→ユムン yumuN》
　　c. ドゥーチュイッシ（　　　　　）. 〈自分一人で着たい.〉
　　　　　　　　《〈着る〉の連用形→チー chii》

今日のことわざ

ンナトゥグチニ　チョーティ　フニ　ワユン
Nnatuguchi-ni chooti huni wayuN
（港口に来ていながら舟を割る）

　　チョーティ chooti は動詞チューン〈来る〉の継続形チョーンのテ形，ワユン wayuN は〈割る，壊す〉の意. 舟を割る，というと自分の意志で〈壊す〉ように聞こえますが，ここではさまざまな困難を乗り越えてやっと港に入ろうとした船が，港の入り口で難破してしまうことを指しています. このことわざは，仕事や念願が成就する直前で失敗することをたとえたものです.
　　なお，ンナトゥグチニ Nnatuguchi-ni の部分はンナトゥグチマディ Nnatuguchi-madi〈港口まで〉という場合もあります.

11

[トゥーティーチ tuutiichi]

スバ　カミーガ
suba kamii-ga

そばを食べに

DL 14

三郎：　ウンジョー　マーカイ　メンシェービーガ？
'uNjoo maa-kai meNsheebii-ga?

朝秀：　チューヤ　ナーファヌ　マチンカイ
chuu-ya naahwa-nu machi-Nkai

　　　　スバ　カミーガ　イチュサ.
suba kamii-ga 'ichu-sa.

　　　　ッヤーン　マジュン　イチュミ？
'yaa-N majuN 'ichu-mi?

三郎：　ウー．チューヤ　ヌーン　ネービランクトゥ
　　　　ウトゥム　サビラ．
'uu. chuu-ya nuu-N neebiraN-kutu 'u-tumu sabira.

朝秀：　トートー，マジュン　トゥーレー．
tootoo, majuN tuuree.

スバ suba［名詞］　沖縄そば.
カミー kamii　←カムンの連用形＋i
ウンジョー 'uNjoo　←ウンジュ＋ヤ
●ウンジュ 'uNju［代名詞］　あなた.
マー maa［疑問詞］　どこ.
カイ kai［助詞］　～へ．★②
●メンシェービーン meNsheebiiN［動
　詞］　いらっしゃいます.
　　メンシェーンの丁寧形．★①
ナーファ naahwa［地名］　那覇.

ウトゥム 'u-tumu［名詞］　お供.
サビラ sabira　～しましょう．スンの
　丁寧形サビーンの志向形.
トートー tootoo［感嘆詞］　よしよし.
　ほらほら.
マジュン　トゥーレー majuN tuuree
　一緒に来なさい.
　トゥーレーはトゥーユンの命令形.
●トゥーユン tuuyuN［動詞］　通る.

— 108 —

三郎： マーヌ　ミチカラ　メンシェービーガ？
maa-nu michi-kara meNsheebii-ga?

朝秀： ジーブヌ　シチャカラ　シーシ　トゥーティ
イカニ？
jiibu-nu shicha-kara shiishi tuuti 'ikani?

三郎： アマー　トゥーサイビーンドー.
'amaa tuusaibiiN-doo.

朝秀： アンシェー　マーカラ　イチュガ？
'aNshee maa-kara 'ichu-ga?

三郎： マチガーヌ　サシケーシバシ　ワタティ
machigaa-nu sashikeeshibashi watati

イチュシェー，チャー　ヤイビーガ？
'ichu-shee, chaa yaibii-ga?

朝秀： ヤサ！　アマガル　チカサル.
ya-sa! 'ama-ga-ru chikasaru.

トートー，アワティレー！
tootoo, 'awatiree!

カラ kara［助詞］　〜を通って.　★③
ジーブ jiibu［地名］　儀保（ぎぼ）.
シチャ shicha［名詞］　下.
シーシ shiishi［地名］　末吉（すえよし）.
アマー 'amaa　あそこは.　←アマ＋ヤ
●トゥーサン tuusaN［サ形容詞］　遠い.
マチガー machigaa［地名］　松川（まつがわ）.

サシケーシバシ sashikeeshibashi　指帰橋.
ワタティ watati　ワタユン〈渡る〉のテ形.
ル ru　係助詞ドゥ du の音が転化した語.「チカサル」と係り結び.
アワティレー 'awatiree　アワティユンの命令形.
●アワティユン 'awatiyuN［動詞］　あわてる.　急ぐ.

— 109 —

【訳】

三郎：（あなたは）どこへいらっしゃるんですか？

朝秀：今日は那覇の町に沖縄ソバを食べに行くのだ.
　　　君も一緒に行くか？

三郎：はい. 今日は何も（予定が）ありませんのでお供しましょう.

朝秀：よしよし, 一緒に来なさい.

三郎：どこの道を通っていらっしゃるんでしょうか？

朝秀：儀保の下から末吉を通って行かないか？

三郎：あそこは遠いですよ.

朝秀：それでは, どこから行こうか？

三郎：松川の指帰橋を渡って行くのは, どうでしょうか？

朝秀：そうだ！　あっちが近い. ほらほら, 急ぎなさい！

【解説】

①敬語3：尊敬語

　共通語の「言う」→「おっしゃる」,「行く, 来る, いる」→「いらっしゃる」,「食べる, 飲む」→「めしあがる」などのように, 沖縄語にも, 尊敬を表わすときに使われる動詞があります. このような動詞を「尊敬語」と呼ぶことにします.

　　シンシーガ　クマンカイ　メンシェーン.

　shiɴshii-ga　kuma-ɴkai　meɴsheeɴ.

　〈先生がこちらにいらっしゃる.〉

　ここに使われている動詞メンシェーンはチューン〈来る〉の尊敬語です. 代表的なものをいくつかあげておきましょう.

— 110 —

【尊敬語】	【普通語】
メンシェーン meNsheeN 〈いらっしゃる〉	イチュン 'ichuN 〈行く〉 チューン chuuN 〈来る〉 ウゥン wuN 〈居る〉
ウサガユン 'usagayuN 〈めしあがる〉	カムン kamuN 〈食べる〉 ヌムン numuN 〈飲む〉
ウタビミシェーン 'utabi-misheeN クィミシェーン kwi-misheeN 〈くださる〉	クィユン kwiyuN 〈くれる〉 トゥラスン turasuN 〈やる〉
ウミカキユン 'umikakiyuN 〈ごらんになる〉	ンジュン NjuN 〈見る〉

　上記以外の一般的な動詞は，動詞の連用形（ラ行動詞等は連用形からiを取った形）＋ミシェーン misheeN 〈～なさる〉で尊敬語を作ります．さらに丁寧にしたいときはミシェービーン misheebiiN 〈～なさいます〉という丁寧形の尊敬語にします．

　　カチュン kachuN 〈書く〉 →【連用形】カチ kachi
　　→カチミシェーン kachi-misheeN
　　ワライン〈笑う〉waraiN →【連用形】ワライ warai → wara
　　→ワラミシェーン wara-misheeN
　　ッユン〈言う〉'yuN →【連用形】イー 'ii → イ 'i
　　→イミシェーン 'i-misheeN

　ミシェーンやミシェービーンは次のように不規則な活用をするので注意が必要です．

— 111 —

【終止形】	ミシェーン	ミシェービーン
	misheeN	misheebiiN
	〈なさる〉	〈なさいます〉
【否定形】	ミソーラン	ミシェービラン
	misooraN	misheebiraN
	〈なさらない〉	〈なさいません〉
【命令形】	ミソーリ	ミシェービリ
	misoori	misheebiri
	ミソーレー	ミシェービレー
	misooree	misheebiree
	〈なさい〉	〈なさいませ〉
【テ形】	ミソーチ	ミシェービティ
	misoochi	misheebiti
	〈なさって〉	〈なさいまして〉
【過去形】	ミソーチャン	ミシェービタン
	misoochaN	misheebitaN
	〈なさった〉	〈なさいました〉
【シヨッタ形】	ミシェータン	ミシェービータン
	misheetaN	misheebiitaN
	〈なさったよ〉	〈なさいましたよ〉
【過去・否定形】	ミソーラ··ンタン	ミシェービランタン
	misooraNtaN	misheebiraNtaN
	〈なさらなかった〉	〈なさいませんでした〉

ウヌ　スムチ　ユミミソーリ．　　'unu sumichi yumi-misoori.
〈その本をお読みください．〉

— 112 —

シンシーヤ　ウヌ　ティガミ　カチミシェービタン.

shiNshii-ya 'unu tigami kachi-misheebitaN.

〈先生はその手紙をお書きになりました.〉

　尊敬語の表現を覚えると, 年長者との会話が弾むようになります.

②カイとンカイの違い

　例文のマーカイ　メンシェービーガ〈どこへいらっしゃるのですか〉におけるカイ kai は, 動作の行き着く方向を表わす助詞です. 共通語の「へ」に近い語です.

　　ナーファカイ　イチュン. naahwa-kai 'ichuN.〈那覇へ行く.〉

　この場合の意味は前出のンカイ Nkai と同じですが, カイとンカイには次のような違いがあります.

　　×　アリカイ　スグラッタン.〈×　彼へ殴られた.〉

　　○　アリンカイ　スグラッタン.〈○　彼に殴られた.〉

　共通語の受身文で動作者に「〜へ」が使えないのと同じように, 沖縄語でカイを使うことはできません.

③助詞「カラ」

　沖縄語の助詞カラ kara は共通語と同様の使い方があります.

　　クマカラ　アママディ〈ここからあそこまで〉【空間の起点】

　　チヌーカラ　チューマディ〈昨日から今日まで〉【時間の起点】

　　カベー　キーカラ　チュクユン〈紙は木から作る〉　【材料】

　　ウヌ　クトゥカラ　ワカタン〈そのことから分かった〉【理由】

しかし，共通語とはちょっと違う使い方もあります．次のようにどこかへ行くのに通る場所や手段，また行為の時点を示すときにも使えるのです．例文中の「マーヌ　ミチカラ」〈どこの道を通って〉は，通行する場所を示す例です．

　　ミチカラ　アッチュン michi-**kara** 'acchuN.
　　〈道を歩く〉　　　　　　　　　　　　　　　【通る場所】
　　バスカラ　イチュン basu-**kara** 'ichuN.
　　〈バスで行く〉　　　　　　　　　　　　　　【移動の手段】
　　アトゥカラ　ハナスン 'atu-**kara** hanasuN.
　　〈後で話す〉　　　　　　　　　　　　　　　【行為の時点】

 ナカユクイ nakayukui 〈一休み〉

■沖縄そば

　「沖縄そば」は「そば」と銘打っていますが，そば粉は使われていません．日本のうどんや中華そばと同じように小麦粉を原料にしています．昔は木灰のアクの上澄みを混ぜてこねていたそうですが，現在はほとんど用いられていません．つゆも昔は豚骨だけで作ることが多かったそうですが，現在は豚骨・鶏骨・鰹節などでダシを取ります．

　沖縄そばの具は，肉（豚のバラ肉）・かまぼこ・ネギが一般的です．豚の骨付きあばら肉ソーキ sooki（いわゆるスペアリブ）を具にした「ソーキそば」も人気があります．

　現在では琉球料理の代表選手のような沖縄そばですが，戦前は日常的な食べ物ではなく，特別の日に作られるものだったようです．

練習問題

1. ( ) の中に正しい尊敬語を入れなさい.

a. シンシーガ　スムチ　（　　　　　）.

〈先生が本をお読みになった.〉

b. シンシーガ　ジー　（　　　　　）.

〈先生が字をお書きにならなかった.〉

c. シンシーガ　ゴーヤー　（　　　　　）.

〈先生が苦瓜をめしあがった.〉

d. シンシーガ　イィー　（　　　　　）.

〈先生が絵をごらんになった.〉

e. シンシーガ　スムチ　（　　　　　）.

〈先生が本をくださった.〉

今日のことわざ

ッチュヌクトゥヤ　ドゥーヌクトゥ
cchu-nu kutu-ya duu-nu kutu

（他人に起こったできごとは自分のことと考えよ）

「人のふり見て我がふり直せ」と同じような意味のことわざです.
他人の良いところを真似るというより, 他人の悪い面や, 降りかか
っている災いなどから自分の行動や言動を戒め襟を正す, という意
味合いのほうが強いでしょう. また,「他人のことは自分のことのよ
うに考えよう！」という意味にもとれますが, うっかり自分の身ま
で滅ぼしてしまわないようご用心.

12

[トゥーターチ tuutaachi]

ニフェーデービル —— ありがとう ございます
nihwee-deebiru

DL 15

三郎： ミチ　バッペーティ　ネーヤビランサーヤー.
michi bappeeti neeyabiraN-saa-yaa.

朝秀： ナリラン　ミチ　トゥーユクトゥ，クングトゥ
nariraN michi tuuyu-kutu, kuNgutu

ジャーマ　ウチチリティ　ネーランドー.
jaama 'uchichiriti neeraN-doo.

アマンジ　トゥーティ　トゥラシ.
'ama-Nji tuuti turashi.

三郎： チューウガナビラ，ンメーサイ.
グブリー　ヤイビーシガ，
chuu-wuganabira, 'Nmee-sai. gu-burii yaibii-shiga,

ニフェーデービル nihwee-deebiru　あ
　りがとうございます. ★①③
●バッペーユン bappeeyuN［動詞］
　間違う.
ネーヤビラン neeyabiraN　～してしま
　いました. ★④
クングトゥ kuNgutu　こんなふうに.
●ジャーマ　ウチチリユン jaama
　'uchichiriyuN　道に迷う.
ネーラン neeraN　～してしまう.
　★④
アマ 'ama［代名詞］　あの方. あそこ.

ンジ Nji［助詞］　～で. 場所を表わす.
　ッンジ 'Nji〈行って〉が文法化し
　たもの.
●トゥーユン tuuyuN［動詞］　問う.
トゥラシ turashi　～してくれ. 目下
　の人に対して使う. トゥラスンの
　命令形.
●トゥラスン turasuN［動詞］　やる.
チューウガナビラ chuu-wuganabira
　こんにちは. ＜今日拝み侍ら（む）
グブリー gu-burii［名詞］　失礼.
　＜御無礼

— 116 —

クリカーンカイ　ミークニ　チュクラッタル
kuri-kaa-Nkai miikuni chukurattaru

スバヤー　シッチョーミシェーミ？
subayaa shicchoo-mishee-mi?

ンメー：アヌ　カドゥ　ニジリンカイ　マガティ,
　　　　'anu kadu nijiri-Nkai magati,

　　　　マットーバ　ンジャル　トゥクルンカイ　アンドー.
　　　　mattooba 'Njaru tukuru-Nkai 'aN-doo.

三郎：　イッペー　ニフェーデービル.
　　　　'ippee nihwee-deebiru.

朝秀：　グリージ　ウンヌキヤビーン.
　　　　トー,　サンルー,　イスジ　トゥーラナ.
　　　　gu-riiji 'uNnukiyabiiN. too, saNruu, 'isuji tuura-na.

クリカー kuri-kaa［名詞］この辺り.

ミークニ miikuni［副詞］新しく.
　★①

チュクラッタル chukurattaru　作られ
　た.

●チュクユン chukuyuN［動詞］作る.

シッチョー shicchoo　シユンの継続・
　連用形シッチョーイから i を取っ
　た形.

●シユン shiyuN［動詞］知る.

ミシェー mishee　ミシェーンの尾略
　形.

ニジリ nijiri［名詞］右. ＜みぎり
　★①　左はフィジャイ hwijai.

マットーバ［副詞］mattooba　まっす
　ぐ.

グリージ gu-riiji［名詞］お礼.
　＜御礼儀

ウンヌキヤビーン 'uNnukiyabiiN　ウ
　ンヌキユンの丁寧形.

●ウンヌキユン［動詞］'uNnukiyuN
　申し上げる.　★②

イスジ 'isuji　イスジュンのテ形.

●イスジュン 'isujuN［動詞］急ぐ.

— 117 —

三郎：　アイエーナー，アヌ　マチヤー　アイビラニ？
　　　　'aieenaa, 'anu machiyaa 'aibirani?

　　　　ッチュヌ　マンドーイビールムンヌ．
　　　　cchu-nu maNdooibiiru-muNnu.

　　　　クレー，ナゲー　マタンダレーナイビランドー．
　　　　kuree, nagee mataN-daree-naibiraN-doo.

朝秀：　ッチュヌ　ナラドーシェー，
　　　　cchu-nu naradoo-shee,

　　　　スバヌ　マーサル　スークドゥ　ヤル．
　　　　suba-nu maasaru suuku-du yaru.

　　　　ワッターン　ナラビビチー　ヤンドー．
　　　　wattaa-N narabi-bichii yaN-doo.

三郎：　クェーブーンディ　ウムタシガ，
　　　　ミチェー　トゥーサヌヤー．
　　　　kweebuu-Ndi 'umuta-shiga, michee tuusanu-yaa.

朝秀：　ヌー　ドゥーチュイムニー　ソーガ！
　　　　nuu duuchuimunii soo-ga!

ナラドー naradoo　ナラブンの継続形
　ナラドーンの尾略形．
●ナラブン narabuN［動詞］　並ぶ．
スーク suuku［名詞］　証拠．
ワッター wattaa［代名詞］　私達．
　★⑤
ビチー bichii　～すべきである．

クェーブー kweebuu［名詞］　幸運に
　も食にありつくこと．
ウムタ 'umuta　ウムユンの過去・尾
　略形．
●ウムユン 'umuyuN［動詞］　思う．
ドゥーチュイムニー duuchuimunii［名
　詞］　独り言．＜胴一人物言い

— 118 —

【訳】

三郎　　　：道を間違えてしまいましたね.

朝秀　　　：慣れない道を通るから, こんなふうに迷ってしまうんだ.
　　　　　　あの方に聞いてくれ.

三郎　　　：こんにちは, おばあさん. 失礼ですが, このあたりに
　　　　　　新しくできたソバ屋をご存知ですか?

おばあさん：あの角を右に曲がって, 真っ直ぐ行ったところにあるよ.

三郎　　　：どうもありがとうございます.

朝秀　　　：お礼申し上げます. さあ, サンルー, 急いで行こう.

三郎　　　：うわあ, あの店じゃありませんか? 　人が多いですね.
　　　　　　こりゃ長いこと待たなくちゃだめですね.

朝秀　　　：人が並んでいるのは, ソバがうまい証拠だよ.
　　　　　　私達も並ぶべきだよ.

三郎　　　：タダ飯にありつけると思ったが, 道は遠いよなあ.

朝秀　　　：何をひとりごとを言ってるか!

【解説】

① m と n の交替

　例文に出てくるミークニ〈新しく〉のミー **mii** は,「新 **nii**」の n
が m になった形です. 逆に, ニジリ **nijiri**〈右〉は「みぎり **migiri**」
の m が n になっています. このように, 沖縄語とヤマトの言葉の
あいだでは, m と n の音が入れ替わっている例がたくさんあります.

　ニフェーデービル〈ありがとうございます〉のニフェー **nihwee** も,
「御拝 **mihai**」に対応した形です.

②敬語 4：謙譲語

　尊敬語が主語を高めるのに対して, 謙譲語は補語を尊敬の対象と

して高く位置づけ，結果的に主語を低く位置づける語です．たとえば，

　　　タルーガ　シンシーンカイ　**ウンヌキユン**．

　　　taruu-ga　shiɴshii-ɴkai　**'uɴnukiyuɴ**．

　　　〈太郎が先生に申し上げる．〉

で使われている謙譲の動詞ウンヌキユン（ウンヌキーン）は補語となっているシンシー〈先生〉を高める働きがあり，主語のタルーは補語のシンシーより相対的に低く位置づけられます．謙譲語の代表的な例を，尊敬語，普通語と対比する形で挙げておきましょう．

【謙譲語】	【尊敬語】	【普通語】
ウンヌキユン 'uɴnukiyuɴ 〈申し上げる〉	イミシェーン 'i-misheeɴ 〈おっしゃる〉	ッユン 'yuɴ 〈言う〉
ユシリユン yushiriyuɴ 〈参る〉 〈伺う〉	メンシェーン meɴsheeɴ 〈いらっしゃる〉	イチュン 'ichuɴ 〈行く〉 チューン chuuɴ 〈来る〉
ウサギユン 'usagiyuɴ 〈さしあげる〉	ウタビミシェーン 'utabi-misheeɴ クィミシェーン kwi-misheeɴ 〈くださる〉	クィユン kwiyuɴ 〈くれる〉 トゥラスン turasuɴ 〈やる〉
ウゥガムン wugamuɴ 〈拝見する〉	ウミカキユン 'umikakiyuɴ 〈ごらんになる〉	ンジュン ɴjuɴ 〈見る〉

ウミカキユン	ミシミシェーン	ミシユン mishiyuN
'umikakiyuN	mishi-misheeN	〈見せる〉
〈お見せする〉	〈お見せになる〉	

　また，謙譲語は「**動詞テ形＋ウサギユン（ウサギーン）**」〈～して
さしあげる〉で規則的に作ることができますが，共通語の「～して
さしあげる」と同様，みだりに使うと慇懃無礼になることもありま
すのでご注意ください.

　　　ユディ　ウサギユン. yudi 'usagiyuN.〈読んでさしあげる.〉

③〜デービル

　〈～でございます〉という意味を表わし，あいさつにもよく使わ
れる沖縄語の常套句がデービル deebiru という形です. ニフェー
デービル nihwee deebiru〈ありがとうございます〉もその一例です.
語源的には強調の係助詞ドゥ du とヤイビーン yaibiiN の連体形ヤイ
ビール yaibiiru が融合したものと考えられています.

　　　イィー　ソーグゥチ　デービル. yii soogwachi **deebiru**.
　　　〈良い正月でございます.（年頭のあいさつ）〉

④「〜してしまった」

　「～してしまった」という言い方は，「**動詞テ形＋ネーン neeN**（も
しくは**ネーラン neeraN**）」という形で表わします. たとえば，

　　　カディ　ネーン. kadi neeN.〈食べてしまった.〉

というふうに,「食べて（しまって, もう）無い」という表現で「食
べてしまった」という意味を表わしているわけです.

ユディ　ネーン．yudi neeN.〈読んでしまった.〉

カチ　ネーン．kachi neeN.〈書いてしまった.〉

丁寧な表現をする場合は「**動詞テ形＋ネービラン neebiraN**（もしくは**ネーヤビラン neeyabiraN**）」〈～してしまいました〉です．

⑤ワーとワン

〈私〉を表わす語にワー waa とワン waN があります．ワーは名詞または名詞に準ずる語や助詞ガ ga に続きます．

ワー　アンマー waa 'aNmaa〈私のお母さん〉

ワー　グトール　ムン waa gutooru muN〈私のごとき者〉

ワーガ　スサ．waa-ga su-sa.〈私がするよ.〉

ワンにはほとんどの助詞が続きます．ただしワンにヤ ya〈～は〉を付けるときはワノー wanoo でなく，ワンネー waN-nee と言います．これは waN ＋ ni ＋ ya が短縮されたもので，〈私も〉と言う場合も，waN ＋ ni ＋ N〈～も〉→ワンニン waN-niN というふうに ni の要素が入ります．

ワンネー　ワカランサー．waN-nee wakaraN-saa.

〈私はわからないよ.〉

ワンニン　ムッチョーンドー．waN-niN mucchooN-doo.

〈私も持っているよ.〉

ワン　ヌーンディ　ウムトーガ? waN nuu-Ndi 'umutoo-ga?

〈私を何だと思っているのか？〉

— 122 —

練習問題

1. ( ) の中に正しい敬語を入れなさい.

a. ワンネー　シンシーンカイ　（　　　　　）.
〈私は先生に申し上げた.〉

b. ワンネー　シンシー　トゥクルンカイ　（　　　　　　）.
〈私は先生のところにうかがった.〉

c. ワッターヤ　シンシーンカイ　イィー　（　　　　　　）.
〈私たちは先生に絵をさしあげた.〉

今日のことわざ

クェーブーヤ　ミーヌメーカラ　アッチン　ワカラン
kweebuu-ya mii-nu-mee-kara 'acchi-N wakaraN
（食にありつく果報は目の前を歩いても分からない）

クェーブー kweebuu は，思いもよらずごちそうにありつく幸福を言います．クチガフー kuchigahuu（口果報）という言い方をすることもできます．本当の幸せは遠くにあるのではなく，目の前にこそあるのだということでしょう．その真意は，身近な日々の行ないを大切にせよということかもしれません．

■ 誤解のウチナーグチ ■

1) 沖縄語には近世の「候（そうろう）」言葉が残っている？
沖縄を訪れたことのある人なら一度はこんなことを耳にした
かもしれませんが，実はこれは間違い．沖縄語のメンソーレー
meNsooree〈いらっしゃいませ〉を「参りそうろう」から変化
したものだと思っている人は沖縄にも少なくないのですが，こ
の語源は「住み有り召しおわれ」であるという説が現在のとこ
ろ有力です．「召しおわれ」は助動詞「おわす」〈いらっしゃる〉
からできており，「おもろさうし」（→第20課）にも例が見られ
ます．

　実は，「そうろう」より古い言葉である「はべり」のほうが
沖縄語ではたくさん使われます．訪問の際の「ごめんください」
に当たる語は沖縄語でチャービラ chaabira ですが，これは「来
はべら」が口蓋化によってチャービラになったものです．

2) 沖縄語にはナイチャー naichaa〈内地（他府県）人〉やアメ
リカー 'amerikaa〈アメリカ（西洋）人〉のように，語尾を長く
のばして〈～の人〉を表わす言い方があります．これを英語の
er（teacher，singer など）であるとする説がありますが，もち
ろん間違い．語尾に a を付けて〈～のもの，～する人〉を表わ
す用法はもともと沖縄にあり，現在も次々と新しい言葉が作ら
れています．（なお，沖縄ではアメリカ人でなくても西洋人で
あればアメリカーと呼びます．太平洋戦争後アメリカに統治さ
れる以前は，西洋人はウランダー 'uraNdaa と呼ばれていました．
それまではオランダ人が西洋人の代表だったわけです．）

このaの付いた形は名詞だけでなく動詞やサ形容詞からも作られます。たとえば、

ヌムン numuN〈飲む〉＋a→ヌマー numaa〈酒飲み〉

アシブン ’ashibuN〈遊ぶ〉＋a→アシバー ’ashibaa〈遊び人〉

マギサン magisaN〈大きい〉＋a→マガー magaa〈大きなもの〉

などなど。また、この本でおなじみの人名であるタルー taruu やジルー jiruu はそれぞれタラー taraa、ジラー jiraa と言ってもよいのですが、これもタルー taruu にaが付いた taruua から taraa に変化したものです。沖縄独特の人名には、このaが隠れていることが多いのです。

それでは、aとはいったい何者なのでしょうか。親しみをこめる働きがあるという説がありますが、詳しいことはまだよくわかっていません。共通語との関連性など今後の研究が楽しみなところです。

■ さまざまな「私」 ■

〈私〉を表わす言葉は土地によってさまざまです。沖縄本島中南部では「ワン」ですが、「ワヌ」（沖縄本島北部、久米島・宮城島・沖永良部島・与論島）や、「バン」「バヌ」「バー」（宮古・八重山諸島）、さらには「ア」「アヌ」（沖縄本島本部町、宮古伊良部島、八重山与那国島など）という語形もあります。

ちなみに〈君〉は、沖縄本島中南部では「ッヤー」、奄美諸島・沖縄本島北部では「ウラ」「オラ」、喜界島では「ダー」「ウラ」、宮古諸島では「ヴヴァ」、石垣島では「ワー」と言います。（参考文献：中本正智『図説琉球語辞典』）

■ 応答の言葉 ■

　応答の言葉も敬語表現のポイントです．共通語でも目上の人に返事をするときは丁寧になりますね．相手によって使い分けなくてはなりません．

　目上の人に応答する場合は，肯定であればウー 'uu 〈はい〉，否定であればウゥーウゥー wuuwuu 〈いいえ〉，呼ばれて返事をする場合にはフー huu 〈はい〉．

　同輩・目下の人に対しては，肯定はイー 'ii，否定はイィーイィー yiiyii，呼ばれて返事をする場合にはヒー hii．

　これらを終助詞のように文末に付けることもできます．目上の人が相手なら，

　　　コーラー　コーイガ　ッンジ　チャービラウー．

　　〈コーラを買いに行って来ますね．〉

という言い方ができ，同輩・目下の人に対してなら

　　　コーラー　コーイガ　ッンジ　クーイー．

　　〈コーラを買いに行って来るね．〉

となります．

　ちなみに，この表現をウチナーヤマトゥグチ（伝統的な沖縄語ではなく，沖縄に入ってきた共通語が変容したもの）に訳せば「〜しましょうね」「〜しようね」になります．これを初めて聞く人は〈一緒に〜しよう〉，つまり英語の Let's だと思いがちですが，実は相手に自分の行動を認識してもらい，同意を得るといった意味合いの言葉です．沖縄の人に「そろそろ帰りましょうね」と言われたら，「一緒に帰りましょう」ではなく「私は（先に）帰りますから」という意味ですのでお間違いなく．

III

13 琉球料理

[トゥーミーチ tuumiichi]

応用 ①

DL 16

娘：アヤー，
　　チューヤ　ワーガ　アサバン　シコーイ　サビタンドー．
　　'ayaa, chuu-ya waa-ga 'asabaN shikooi sabitaN-doo.

母：ヤンナー？　ヌー　シコータガ？
　　yaN-naa? nuu shikoota-ga?

娘：アーサヌ　ウシルトゥ　ナーベーラーンブシー
　　シコーイビタン．
　　'aasa-nu 'u-shiru-tu naabeeraa-'Nbushii shikooibitaN.

母：ダー，クヮッチー　スサヤー．
　　daa, kwacchii su-sa-yaa.

　　アキトーナー，ウヌ　シロー　アンシ　ニークター
　　ソール！
　　'akitoonaa, 'unu shiroo 'aNshi niikutaa sooru!

アサバン 'asabaN［名詞］　昼食.

シコーイ shikooi［名詞］　準備.

サビタン sabitaN
　スンの丁寧形サビーンの過去形.

シコータ shikoota　シコーユンの過
　去・尾略形.

●シコーユン shikooyuN［動詞］　準
　備する.

アーサ 'aasa［名詞］　ひとえ草（海
　草）.

ナーベーラー naabeeraa［名詞］　ヘチ

マ.

ンブシー 'Nbushii［名詞］　蒸し煮.

ダー daa［感嘆詞］　どれ. おい.

クヮッチー kwacchii［名詞］　ごちそ
　う.

スサ su-sa　〜するよ. この場合は〈ご
　ちそうになるよ〉.

アキトーナー 'akitoonaa［感嘆詞］
　おやまあ. 失敗したときや驚いた
　ときなどに発する.

シロー shiroo　←シル＋ヤ

— 128 —

シルンディ　ッユシェー, カチューダシ　トゥレーカラー,
shiru-Ndi 'yu-shee, kachuudashi turee-karaa,

シグ　フィーヤ　トゥミランダレーナランドーヤー.
shigu hwii-ya tumiraN-daree-naraN-doo-yaa.

娘：ナーベーラーヤ　チャー　ヤイビーガヤー？
naabeeraa-ya chaa yaibii-gayaa?

母：トー, ウレー　ディキトーサ.
too, 'uree dikitoo-sa.

ダシグヮー　イッティ　スーヂューコー　ナラン
dashi-gwaa 'itti suujuukoo naraN

グトゥッシ, チャー　アファアファートゥ　スンドーヤー.
gutu-sshi, chaa 'ahwa'ahwaa-tu suN-doo-yaa.

＊

ニークター niikutaa ［副詞］ 煮えて
　くたくたになる様子.
ソール sooru　スンの継続形ソーンの
　連体形. 連体止め.
カチュー kachuu ［名詞］ 鰹.
トゥレーカラ turee-kara　取ったら.
　トゥレーはトゥユンの基本語幹＋
　ee（条件文→第 7 課）, カラは行為
　の時点を表わす（→第 11 課）.
フィー hwii ［名詞］ 火.
トゥミラン tumiraN　トゥミユン〈止
　める〉の否定形.
ガヤー gayaa ［助詞］ 〜かなあ. 疑

問を表わす. 疑問詞が前になくて
　も使える.
イッティ 'itti　イリユンのテ形.
●イリユン 'iriyuN ［動詞］ 入れる.
スーヂューコー suujuukoo　スーヂュ
　ーサンの連用形スーヂューク＋ヤ.
●スーヂューサン suujuusaN ［サ形容
　詞］ 塩辛い. ＜塩強さ
グトゥッシ gutu-sshi　〜ようにして.
チャー chaa ［副詞］ いつも.
アファアファートゥ 'ahwa'ahwaa-tu
　薄め薄めに.

— 129 —

母：マジュン　ユーバン　シコーイ　スンドー.
majuN yuubaN shikooi suN-doo.

娘：ウー, チューヤ　ヌー　サビーガ？
'uu, chuu-ya nuu sabii-ga?

母：ソーミンタシヤー　ッサヤー.
soomiN-tashiyaa ssa-yaa.

娘：ナービンカイ　ユー　ワカチェーイビーンドー.
naabi-Nkai yuu wakacheeibiiN-doo.

母：トー, ソーミン　イリレー.
too, soomiN 'iriree.

ユディティヌアトゥ, ソーキンカイ　アギヤーニ,
yuditi-nu-'atu, sooki-Nkai 'agiyaani,

シル　トゥバシェー.
shiru tubashee.

娘：ウヌ　アタイッシ　ユタサイビーガヤー？
'unu 'atai-sshi yutasaibii-gayaa?

ユーバン yuubaN ［名詞］ 夕食.

サビーガ sabii-ga　〜しましょうか.
　←スンの丁寧形サビーン＋ガ

ソーミンタシヤー soomiN-tashiyaa ［名
　詞］ ソーメン炒め.

ッサヤー ssa-yaa　〜しようね. スン
　の志向形ッサ＋ヤー.

ナービ naabi ［名詞］ 鍋.

●ワカチェーン wakacheeN 沸かし
　てある. 動詞の音便語幹＋eeNで〈〜
　してある〉を表わす.

イリレー 'iriree　イリユンの命令形.

ソーキ sooki ［名詞］ ざる.

アギヤーニ 'agiyaani
　アギユンのアーニ形.

●アギユン 'agiyuN ［動詞］ あげる.

トゥバシェー tubashee　トゥバスン
　〈飛ばす〉の命令形.

●ユタサン yutasaN ［サ形容詞］ よ
　ろしい.

母：トー，アンシ，ナービ ヤチャーニ，アンダ イッティ，
too, 'aNshi, naabi yachaani, 'aNda 'itti,

ヤシェームン ハジミ，トゥーナー イリレー.
yasheemuN hajimi, tuunaa 'iriree.

ウヌ アトゥ，ソーミン イッティ タシレー.
'unu 'atu, soomiN 'itti tashiree.

娘：チリビラー イリランティン ユタサイビーミ？
chiribiraa 'iriraNti-N yutasaibii-mi?

母：アイネー イリーシガ，
'ai-nee 'irii-shiga,

アタイナカイ ミーテーウゥランクトゥ シムサ.
'atai-nakai miitee-wuraN-kutu shimu-sa.

アンシ 'aNshi［接続詞］ それから.

ヤチャーニ yachaani ヤチュンのアーニ形.

●ヤチュン yachuN［動詞］ 焼く.

アンダ 'aNda［名詞］ 油.

ヤシェームン yasheemuN 野菜類.

トゥーナー tuunaa［名詞］ ツナ.

タシレー tashiree タシユンの命令形.

●タシユン tashiyuN［動詞］ 炒める.

チリビラ chiribira［名詞］ ニラ.

イリランティン 'iriraNti-N 入れなく

ても. 動詞のテ形＋Nで〈～しても〉を表わす.

アイネー 'ai-nee 有れば. ←アン＋ネー

アタイ 'atai［名詞］ 庭にある畑.

ナカイ nakai［助詞］ ～に.

ミーテー miitee
←ミーユンのテ形ミーティ＋ヤ

●ミーユン miiyuN［動詞］ 生える.

シムサ shimu-sa いいよ. ←シムンの尾略形＋サ

【訳】

娘：お母さん，今日は私が昼食の準備をしましたよ．

母：そう？　何を作ったの？

娘：アーサの汁物とヘチマの蒸し煮を作りました．

母：どれ，食べてみよう．まあ，この汁物はこんなに煮立てて！　汁物というのは，鰹ダシを取ったら，すぐ火を止めなきゃだめよ．

娘：ヘチマはどうですか？

母：うん，これはよくできているね．ダシ汁を入れて塩辛くならないように，いつも味を薄め薄めにしなさいね．

*

母：一緒に夕飯の準備をするよ．

娘：はい．今日は何にしましょうか？

母：ソーメン炒めにしようね．

娘：鍋にお湯を沸かしてありますよ．

母：はい，ソーメンを入れて．茹でた後，ざるにあげて，汁を切りなさい．

娘：このぐらいでいいですか？

母：よし，それじゃ鍋に火をかけて，油を入れて，まず野菜類を，それからツナを入れて．

　　それから，ソーメンを入れて炒めなさい．

娘：ニラは入れなくてもいいですか？

母：あれば入れるけど，庭の畑に生えてないからいいよ．

【解説】

●琉球料理の名称

　琉球料理の名称はだいたい素材と料理法の組み合わせからなっています．主だった料理法を知っておけば，琉球料理店のメニューを見てもだいたい見当がつくようになりますので，覚えておくと便利ですよ．

1) チャンプルー

　チャンプルー chaɴpuruu とは，いろいろなものを混ぜるという意味．琉球料理では，肉や野菜，豆腐などを油で炒めて混ぜた料理をチャンプルーと呼んでいます．メインの食材が，

　　ニガウリ（苦瓜）ならゴーヤーチャンプルー gooyaa-chaɴpuruu
　　モヤシ（豆菜）ならマーミナチャンプルー maamina-chaɴpuruu
　　キャベツ（玉菜）ならタマナーチャンプルー tamanaa-chaɴpuruu
　　ソーメン（素麺）ならソーミンチャンプルー soomiɴ-chaɴpuruu
となります．

　厳密には，豆腐を入れなければチャンプルーとは言わない，という意見もあります．しかし，最近は後述のイリチーやタシヤーも含めて広くチャンプルーと呼ぶ傾向があるようです．

2) イリチー

　イリチー ’irichii は炒め物と煮物の両方の要素を持つ料理法です．昆布や麸，干瓢などの乾物を使ったものが多いようです．

　作り方は，まず材料（乾物は水で戻しておきます）を食べやすい大きさに切っておき，これを少量の油で炒めてから最後にダシ汁を

少し加え調味料で味をととのえます．代表的なイリチー料理には，細切り昆布を使ったクーブイリチー kuubu-'irichii，沖縄特産の 車麩を使ったフーイリチー huu-'irichii などがあります．

3) ンンブシー（ンンブサー）

ンンブシー 'Nbushii は，動詞ンンブスン 'NbusuN〈蒸す〉の連用形ンンブシが名詞化したものですが，蒸し器で蒸すのではありません．軽く炒めた材料をダシ汁でやわらかく煮て，味噌などで味をととのえたものです．イリチーよりも水分が多いのが特徴です．

　代表的なンンブシー料理はナーベーラーンンブシー naabeeraa-'Nbushii〈ヘチマの蒸し煮〉でしょうか．沖縄では初夏から真夏にかけて葉野菜が不足するため瓜類が食材としてよく用いられます．冬瓜を使ったシブイッンブシー shibui-'Nbushii や茄子を使ったナーシビッンブシー naashibi-'Nbushii，また苦瓜を使ったゴーヤーッンブシー gooyaa-'Nbushii などがあります．なお，葉野菜のンンブシー料理にはフダン草（ほうれん草と同じアカザ科の野菜）を使ったンスナバーッンブシー Nsunabaa-'Nbushii があります．

4) タシヤー

　タシヤー tashiyaa はタシユン tashiyuN〈炒める〉という動詞から転じた，炒め物全般に用いられる言葉ですが，最近ではあまり使われず，チャンプルーに含まれることが多いようです．代表的なものとしては素麺を使ったソーミンタシヤー soomiN-tashiyaa があります．

— 134 —

5) その他

◆プットゥルー putturuu

材料をとろとろになるまで煮込んだものです．ンンムクジプットゥルー ’Nmukuji-putturuu〈芋くず煮込み〉やソーミンプットゥルー soomiN-putturuu〈素麺煮込み〉など．

◆アンダーギー ’aNdaagii

天ぷらのように油で揚げる料理．サーターアンダーギー saataa-’aNdaagii〈砂糖天ぷら〉やンンムクジアンダーギー ’Nmukuji-’aNdaagii〈芋くず天ぷら〉など．魚は塩焼きよりもアンダーギーにして食べることが多く，また揚げた魚の頭と骨でダシをとって汁物を作る所もあります．

琉球料理は油を使ったものが多いので，逆にさっぱりした料理も好まれます．

◆スネー sunee〈酢の物（酢合え）〉

ンスナバースネー Nsunabaa-sunee〈フダン草の酢の物〉，スヌイ sunui〈もずく（酢海苔）〉やナマシ namashi〈鱠〉など．

◆ウサチ ’usachi〈和え物〉

ゴーヤーウサチ gooyaa-’usachi〈苦瓜和え〉，ミミガー mimigaa（豚の耳を細く切ってピーナツなどで和えたもの）など．

汁物は具だくさんのボリュームのあるものが多く，これも沖縄では大事な料理です．イナムドゥチ ’inamuduchi〈豚肉入り味噌汁〉は祝い膳に添えられます．ナカミ nakami〈豚モツ汁〉や，豆腐を用いたユシドーフ yushidoohu〈豆腐汁〉（沖縄では固めの豆腐が一般的ですが，この場合は柔らかい豆腐を使います）もよく食べます．沖縄の食堂のメニューにある「ミソシル」にも具がたっぷり入っており，ごはん

も付いていますので，これ一品でじゅうぶん立派な定食です．

　漬け物には，チキナ chikina というシマナー shimanaa〈菜っぱ〉の浅漬けや，ダッチョー dacchoo という沖縄独特のらっきょうなどがあります．スク suku という小魚やイチャ 'icha〈イカ〉を塩漬けにしたカラス karasu は，単独で，またいろいろな材料と組み合わされて食されます．

　お菓子にはムーチー muuchii やナントゥー naNtuu などの餅，ポーポー poopoo やチンビン chiNbiN というクレープのようなものがあります．

●食文化にみるアメリカの影響

　沖縄の食堂にはよく「ポーク定食」「ポーク玉子」などというメニューがありますが，ポークといっても普通の豚肉にあらず，ポーク・ランチョン・ミートの缶詰なのです．戦後アメリカからもたらされて日常生活に定着し，チャンプルーの材料はもちろん，ソバの具にもなります．

　「コンビーフ・ハッシュ」もやはりアメリカもののひとつ．ヤマトで売っているコンビーフの缶詰と違って，じゃがいもの混ざった独特の味で，やはりチャンプルーの材料として欠かせません．他にも安くておいしいステーキ屋さんや，ブルーシール・アイスクリームなどアメリカの影響を受けたアイテムは数えきれません．

●泡盛

　沖縄の酒といえば泡盛．お米から作る蒸留酒で，お土産として左党には一番うれしい，沖縄の特産物です．その昔，中国からの使節も大いにお気に召したらしく，半年間の滞在で一人あたり一升瓶に

して57本もの泡盛が供されたと推定されるとか．琉球から江戸幕府への献上品の中にも，必ず泡盛が入っていたそうですから，昔もやっぱりお土産の定番だったのですね．とはいえ，昔は一般庶民は祭りなど特別の時にしか飲めなかったそうで，水などで割らず，大事に味わったということです．

　「泡盛<ruby>アームイ</ruby>」の語源については，蒸留したては泡がぶくぶく盛り上がるからだという説，最初粟から作られたからだという説など，諸説あります．ただし，沖縄では通常アームイとは呼ばず，サキ（酒），シマー（島のもの）などと言います．

　<ruby>酒<rt>サキ</rt></ruby>や<ruby>肝<rt>ヤチム</rt></ruby>の<ruby>門<rt>ヌジョヌ</rt></ruby>の<ruby>鎖<rt>サスィヌクツガ</rt></ruby>の<ruby>子<rt>ガ</rt></ruby>がやゆら飲めば飲むごとに<ruby>開<rt>バスムグトゥ</rt></ruby>ち<ruby>行<rt>ニフィラチ</rt></ruby>ち<ruby>ゆ<rt>イチュ</rt></ruby>さ<rt>サ</rt>
　　〈酒は心の門の鍵，飲めば飲むほどに開くものだ〉

と，琉歌にもうたわれています．

14
[トゥーユーチ tuuyuuchi]

マチグヮー（市場）

応用 ②

DL 17

　＊ウチナーグチの講師・伊狩先生は，今日は那覇に買い物に来ています．

ワンネー　マチグヮーンカイ　カミムン　コーイガ
イチャビーン．
waN-nee machi-gwaa-Nkai kamimuN kooi-ga 'ichabiiN.

クンドゥヌ　ドゥユーベー，ヤマトゥカラ　ウチャクヌ
kuNdu-nu duyuubee, yamatu-kara 'u-chaku-nu

メンシェービークトゥ，ウチナーホーチュー　ティデーティ
meNsheebii-kutu, 'uchinaa-hoochuu tideeti

トゥイムチュル　クトゥンカイ　ナイビタン．
tuimuchuru kutu-Nkai naibitaN.

チューヤ　コーユル　ムンヌ　ウフォーク　アイビークトゥ
chuu-ya kooyuru muN-nu 'uhwooku 'aibii-kutu

マチシヌ　コーセツイチバンカイ　イチャビラ．
machishi-nu koosetsu'ichiba-Nkai 'ichabira.

マチグヮー machi-gwaa［名詞］　市場．
カミムン kamimuN［名詞］　食べ物．
クンドゥ kuNdu［名詞］今度．今年．
ドゥユーベー duyuubee ←ドゥユー
　ビ〈土曜日〉＋ヤ
ウチャク 'u-chaku［名詞］　お客．
ホーチュー hoochuu［名詞］　料理．
●ティデーユン tideeyuN［動詞］　ご
　ちそうする．

●トゥイムチュン tuimuchuN［動詞］
　もてなす．とりもつ．
ウフォーク 'uhwooku　多く．
マチシ machishi［地名］　牧志．那覇
　市の地名．

— 138 —

マジェー　クーブカラ　コーイビーン.
majee kuubu-kara kooibiiN.

クーブトゥ　カチューブシェー　ワシテーナイビラン.
kuubu-tu kachuubushee washitee-naibiraN.

ヤサ！　ソーミン　コーリワドゥ　ヤサ.
ya-sa! soomiN koori-wadu ya-sa.

ウリカラ，ヤシェーン　コーリワドゥ　ヤルムン.
'urikara, yashee-N koori-wadu yaru-muN.

アンダーギー　ヤレー　ッンムトゥ　ゴーヤー　ヤイビーンヤー.
'aNdaagii yaree 'Nmu-tu gooyaa yaibiiN-yaa.

「シンシータイ，チューヤ　ナーベーラーヌ　ウフォーク
"shiNshii-tai, chuu-ya naabeeraa-nu 'uhwooku

アイビーシガ，チャー　ヤイビーガ？」
'aibii-shiga, chaa yaibii-ga?"

「アイ，アン　ヤサ！
トートー，ッンブシー　ッシ　カミワドゥ　ヤサ」
" 'ai, 'aN ya-sa! tootoo, 'Nbushii sshi kami-wadu ya-sa"

マジェー majee　まずは.　←マジ maji
〈まず〉＋ヤ

クーブ kuubu［名詞］　昆布.

●カチューブシ kachuubushi［名詞］
鰹節.

●ワシユン washiyuN［動詞］　忘れる.

ワドゥ wadu［助詞］　こそ.　動詞の
基本語幹＋iについて強調を表わ
す.

ヤシェー　yashee［名詞］　野菜.

アンダーギー 'aNdaagii［名詞］　油で
揚げた料理.　天ぷら.　＜油揚げ

ヤレー yaree　～であれば.

ッンム 'Nmu［名詞］　芋.　サツマイモ.

タイ tai［接尾語］　語の後に付けて
丁寧の意味を添える.　女性が使う.
男性が使う場合はサイ.

サティサティ, ヨーヤク シシヌ ウラットール
トゥクルンカイ チョーイビーン.
satisati, yooyaku shishi-nu 'urattooru tukuru-Nkai chooibiiN.

マーサギサル ッワーヌ シシヌ ウフォーク
ナラドーイビーン.
maasa-gisaru 'waa-nu shishi-nu 'uhwooku naradooibiiN.

「ッワーヌ ナカミトゥ ミミガー コーイビラ.」
" 'waa-nu nakami-tu mimigaa kooibira"

「シンシータイ, シーブヌン ウフォーク
イッテーイビーンドー」
"shiNshii-tai, shiibunu-N 'uhwooku 'itteeibiiN-doo"

「ニフェーデービル」
"nihwee-deebiru"

ナマ イユマチンカイ チョーイビーン.
nama 'iyumachi-Nkai chooibiiN.

イユヌ イルカジ ウフォーク ナラドーイビーン.
'iyu-nu 'irukaji 'uhwooku naradooibiiN.

シシ shishi［名詞］ 肉.

マーサギサル maasa-gisaru おいしそ
　うな. ←マーサン+ギサン

ナカミ nakami［名詞］ 臓物（主とし
　て豚の腸）.

コーイビラ kooibira 買いましょう.
　コーイン〈買う〉の丁寧・志向形.

シーブヌン shiibunu-N ←シーブン+ン

●シーブン shibuN［名詞］ おまけ.
　<添え分

イッテーイビーン 'itteeibiiN 入れて
　あります. イリユン〈入れる〉の
　音便語幹+ eeN（→ 130 頁の単語参
　照）+イビーン.

●イリユン 'iriyuN［動詞］ 入れる.

イユマチ 'iyumachi［名詞］ 魚売り
　場. マチグヮーで魚の販売店が多
　く並んでいる所.

イルカジ 'irukaji［副詞］ いろい
　ろ. <色数

グルクン，ミーバイ，ムル　マーサイユ　ヤイビーン．
gurukuN, miibai, muru maasa'iyu yaibiiN.

アキトーナー，ワタヌ　フィチサガティ　チョーイビーン．
'akitoonaa, wata-nu hwichisagati chooibiiN.

ニーケーンカイ　ヌブティ，
イユヌ　シル　クヮッチー　ッシ　ナービラ．
niikee-Nkai nubuti, 'iyu-nu shiru kwacchii sshi naabira.

ヌーディーン　カワチョーイビークトゥ，
nuudii-N kawachooibii-kutu,

オリオンビール　ヌマビラ．
'orioNbiiru numabira.

カンパイ　サビラ！　ハイ！
kaNpai sabira! hai!

アー，イッペー　マーサイビーン！
'aa, 'ippee maasaibiiN!

グルクン，ミーバイ gurukuN,miibai
　それぞれ魚の名前．
ムル muru［副詞］　全部．全く．
　＜諸（もろ）
マーサイユ maasa'iyu　おいしい魚．
ワタ wata［名詞］　お腹．
●フィチサガユン hwichisagayuN［動詞］　空腹で元気がなくなる．
ニーケー niikee［名詞］　二階．
●ヌブユン nubuyuN［動詞］　上る．

登る．
ナービラ naabira　ンジュン〈見る，してみる〉の志向・丁寧形．不規則変化形．
●カワチュン kawachuN［動詞］　乾く．
オリオンビール 'orioNbiiru　ビールの銘柄．沖縄では最もポピュラーなビール．

— 141 —

【訳】

　私は市場に食べ物を買いに行きます.

　今度の土曜日にヤマトからお客さんがいらっしゃるので，沖縄料理をごちそうしてもてなすことになったのです.

　今日は買う物がたくさんあるので牧志の公設市場に行きましょう.

　まずは昆布から買います.

　昆布と鰹節は忘れてはなりません.

　そうそう！　ソーメンを買わなきゃ.

　それから，野菜も買わなきゃね.

　天ぷらならサツマイモと苦瓜ですよね.

　「先生，今日はヘチマがたくさんあるけどどうですか？」

　「あっ，そうですね！　どれどれ，蒸し煮にして食べましょう」

　さてさて，いよいよ肉が売られている所に来ました.

　おいしそうな豚肉がたくさん並んでいます.

　「豚の内臓と耳皮をくださいな」

　「先生，おまけもたくさん入れておきますよ」

　「ありがとうございます」

　今，魚売り場に来ています.

　魚がいろいろとたくさん並んでいます.

　グルクン，ミーバイ，どれもおいしい魚です.

　あらあら，お腹が空いて元気がなくなってきました.

　二階に上がって，魚のおつゆをごちそうになりましょう.

　喉も乾いているので，オリオンビールを飲みましょう.

　乾杯しましょう！　ハイ！

　あー，とても おいしいです！

【解説】

●マチグヮー

　マチグヮーとは，さまざまな商品を扱う小規模店が集まった集合体をあらわす語です．

　とくに那覇の牧志公設市場は有名で，一日や二日ではとてもまわりきれないほどのお店が，迷路のように入り組んだ通路に軒を並べ，肉・魚・野菜・果物・惣菜・乾物・薬品・衣料品・金物などあらゆる生活物資が所狭しとひしめいています．原色の魚，山羊，豚の頭や足，渦を巻く真っ黒なイラブー（エラブウミヘビ）の燻製，これまた色鮮やかなゴーヤーやナーベーラーなど，沖縄独特の食材の洪水におぼれたり，さまざまな年代の売り子さんたち（ほとんどが女性）とのやりとりが楽しめます．沖縄を知るための最高の場所のひとつと言っていいでしょう．

　さて，牧志公設市場でお腹が好いたら二階の食堂街へ．沖縄料理はもちろんのこと，中華料理・寿司・ラーメンと何でもありですが，うれしいのは一階の売り場で購入した食材をお好みの料理法で調理してくれるというシステムです．ぜひお試しを．

食事の時には……

クヮッチー　サビラ　kwacchii sabira　〈いただきます〉
クヮッチー　サビタン　kwacchii sabitaN　〈ごちそうさま〉

15

[トゥーイチチ tuu'ichichi]

昔ばなし

—————— 応用 ③

DL 18

サージャーヌ　ウシームン
saajaa-nu 'u-shiimuN

ウスガナシーメーガ　サージャー　イリウトゥチ
トゥティ　チャービタン.
'usuganashiimee-ga saajaa 'iri'utuchi tuti chaabitaN.

ウスガナシーメーヤ　ペークーンカイ
'usuganashiimee-ya peekuu-Nkai

「サージャーヌ　ウシームン　チュクイクトゥ　クーワ」
ンディ　イミシェービタン.
"saajaa-nu 'u-shiimuN chukui-kutu kuuwa"-Ndi 'i-misheebitaN.

ペークーガ　ウスガナシーメーヌ　ウスバンカイ
peekuu-ga 'usuganashiimee-nu 'u-suba-Nkai

ユシリティ　ッンジ　サビタクトゥ,
yushiriti 'Nji sabita-kutu,

サージャー saajaa ［名詞］鷺（さぎ）.

ウシームン 'u-shiimuN ［名詞］　お吸
　い物.

ウスガナシーメー 'usuganashiimee［名
　詞］　国王. 国王様.

●イリウトゥスン 'iri'utusuN［動詞］
　　射落とす.

トゥティ tuti トゥユン〈取る〉のテ形.

チャービタン chaabitaN　チューン〈来

　る〉の丁寧・過去形.

ペークー peekuu［人名］　ペークー.

クーワ kuuwa　チューン〈来る〉の
　命令形.

イミシェービタン 'i-misheebitaN　イ
　ミシェービーン〈おっしゃる〉の
　丁寧・過去形.

ウスバ 'u-suba［名詞］　お側.

ユシリティ yushiriti　ユシリユン〈伺

— 144 —

サージャーヌ　シシェー　ウスガナシーメー
saajaa-nu shishee 'usuganashiimee

チュトゥクルサーニ　ムル　ウサガティ　ネーヤビランタン．
chu-tukuru-saani muru 'usagati neeyabiraNtaN.

ペークーヤ　デークニビケーンドゥ　カマビタル．
peekuu-ya deekuni-bikeeN-du kamabitaru.

ナーチャ，ペークーヤ「ウスガナシーメー，アマナカイ
naacha, peekuu-ya " 'usuganashiimee, 'ama-nakai

サージャーヌ　マンドーイビーン．イリウトゥシーガ
saajaa-nu maNdooibiiN. 'iri'utushii-ga

メンシェービラニ？」ンディ　ウンヌキヤーニ，
meNsheebirani? "-Ndi 'uNnukiyaani,

デークニヌ　ッウィーラットール　ハルンカイ
ウンチケー　サビタン．
deekuni-nu 'wiirattooru haru-Nkai 'uNchikee sabitaN.

　う〉のテ形．

ンジ 'Nji　イチュン〈行く〉のテ形．

シシェー shishee　←シシ〈肉〉＋ヤ

チュトゥクル chu-tukuru ［名詞］　お
　一人．一か所．

ネーヤビランタン neeyabiraNtaN　あ
　りませんでした．ネーン〈無い〉
　の丁寧・過去形．

デークニ deekuni ［名詞］　大根．

ビケーン bikeeN ［助詞］　〜ばかり．

ナーチャ naacha ［名詞］　翌日．

●ッウィーユン 'wiiyuN ［動詞］　植
　える．

ハル haru ［名詞］　畑．

ウンチケー 'uNchikee ［名詞］　お連
　れすること．ご案内．ご招待．

「ダー，マー　トゥメーティン　サージャーヤ
"daa, maa tumeeti-N saajaa-ya

ウゥランシガ」ンディ
wuraN-shiga"-Ndi

ウスガナシーメーガ　イミシェービタクトゥ，
'usuganashiimee-ga 'i-misheebita-kutu,

「ッンマナカイ　マンドーイビーンドー」
" 'Nma-nakai maNdooibiiN-doo"

ンディ　イチ，フィジ　サビタン．
-Ndi 'ichi, hwiji sabitaN.

ウスガナシーメーガ，「ペークー，クレー　デークネー
'usuganashiimee-ga, "peekuu, kuree deekunee

アラニ！」ンディ　イミシェービタクトゥ，
'arani! "-Ndi 'i-misheebita-kutu,

シグニ　ペークー，「ウゥーウゥー，ユービヌ
shigu-ni peekuu, " wuuwuu, yuubi-nu

ウシームノー　ムル　クリドゥ　ヤイビータンドー」
'u-shiimunoo muru kuri-du yaibiitaN-doo"

アン　ウンヌキティ，ウスガナシーメー
'aN 'uNnukiti, 'usuganashiimee

ウシフィラカチャンディヌ　クトゥ　ヤイビーン．
'ushihwirakachaN-di-nu kutu yaibiiN.

●トゥメーユン tumeeyuN［動詞］
　捜し求める．
ッンマ 'Nma［代名詞］　そこ．
イチ 'ichi　ッユン〈言う〉のテ形．

フィジ hwiji［名詞］　返事．
ユービ yuubi［名詞］　夕べ．
●ウシフィラカスン 'ushihwirakasuN
　［動詞］　押しつぶす．やっつける．

【訳】

鷺のお吸い物

国王が鷺を射落として取ってきました。

国王はペークーに「鷺のお吸い物を作るから来なさい」とおっしゃいました。

ペークーが国王のお側に伺ってみましたところ，鷺の肉は，国王がお一人で全部召し上がって（一つも）ありませんでした。

ペークーは大根ばかり食べました。

翌日，ペークーは「国王さま，あそこに鷺がたくさんいます。射落としにいらっしゃいませんか？」と申し上げて，大根の植えられている畑にお連れしました。

「どれ，どこを探しても，鷺はいないじゃないか」と国王がおっしゃいましたので，

「そこにたくさんいますよ」と言って，返事をしました。

国王が「ペークー，これは大根ではないか！」とおっしゃったので，

すぐにペークー，「いいえ，夕べのお吸い物は全部これでしたよ」

このように申し上げて，国王をやっつけたということでした。

【解説】

●渡嘉敷ペークー

　ペークーは実在の人物で，本名を渡嘉敷兼副（1750～1844）といいました。「ペークー」とは首里王府の士族の位階「親雲上」（ペークミ peekumi もしくはペーチン peechiN）のことと思われます。彼は書道・文学・生け花・茶道や剣道に優れていましたが，沖縄の人々には数々の頓知話の主人公として知られています。この物語も，国王や役人とのやりとりの頓知話として語り伝えられたもののひとつです。ペークーの頓知話は，明治期には商業演劇にも取り上げられ

— 147 —

ました.

　この「渡嘉敷ペークー」に関するさまざまな民話と,「きっちょむさん」や「一休さん」などヤマトの知恵話・笑い話との影響関係も興味深いところです.沖縄の民話では,ペークーの他に「モーイ親方」「勝連バーマー」などが知恵者の代表としてよく知られています.

●沖縄の民話

　沖縄には神話・伝説・説話・昔話などたくさんの民話があります.木の精として森に棲むと言われる妖怪キジムナー,金持ちのものを盗んで貧しい人に分け与えた義賊ウンタマギルー（運玉義留）,耳を切られて亡霊となった僧侶ミミチリボージ（耳切坊主）などの話は,特によく知られています.民話は,内容や語り口が面白いだけでなく,ヤマトや中国・東南アジアなど,意外な地域にとてもよく似た話があったりして,伝播の経路を想像するのも興味深いものです.また沖縄のなかでも,宮古・八重山をはじめ各地域にはそれぞれ独自の話があり,沖縄の書店には県内各地の民話集が置かれています.

　民話は人から人へと語り継がれたものですから,一つの話でもいくつかの類話があります.この「鷺のお吸い物」も,鷺が鶴であったり,国王が前国王であったり,国王がはじめから肉を入れず大根でお吸い物を作ってペークーをやりこめようとしていたり,あるいはペークーが畑の大根を射てかち割ったりと,さまざまな類話があります.

■ 沖縄語クロスワード ■

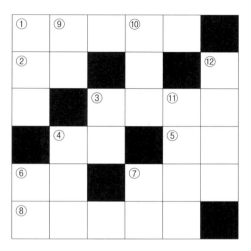

ヨコ・タテの鍵を沖縄語にして，マス目を埋めてください．

◆ヨコの鍵

①食べなかった．
②飢饉
③月桃（げっとう）
④蒲葵（びろう）
⑤皆
⑥肝（心）
⑦読んだ．
⑧なりました．

◆タテの鍵

①鏡
⑥綱
⑨良くなること
④池
③草履
⑩薪
⑦巫女
⑪寝ない．
⑫かたつむり

（解答は 197 頁）

16

[トゥームーチ tuumuuchi]

│瓦版

応用 ④

DL 19

沖縄ヌ 女 ヌ 達
（ウチナー ウィナグ チャー）

'uchinaa-nu winagu-nu-chaa

『瓦版』1992 年（平成 4 年）10 月 27 日（火）

今ヌ世ヤ，沖縄ヌ夫婦ンダー，
（ナマ ユー ウチナー ミートゥ）

nama-nu yuu-ya, 'uchinaa-nu miituNdaa,

共 働 チスシガ，マンドーイビーン．
（トゥムバタラ）

tumubatarachi su-shi-ga, maNdooibiiN.

近頃ー，保育所ン，多ク建ッチ，子預キ易クナティ，
（チカグロ　ホイクショ　ウフォーク　タ　ックヮアジ　ヤシ）

chikaguroo, hoikusho-N, 'uhwooku tacchi, kkwa 'ajikiyashiku nati,

マタ，夫 一人ヌ儲キッシェー，物食尽コーナイビラン．
（ウゥトゥチュイ　モー　ムヌクェーヂュ）

mata, wutu chui-nu mooki-sshee, munukweejukoo naibiraN.

ウィナグ winagu［名詞］ 女．

ヌチャー nu-chaa［接尾語］ 〜達．

スシガ su-shi-ga 〜する者が．

ッシェー sshee 〜では．〜によって
は．〜しては．←ッシ＋ヤ

●ムヌクェーヂュク munukweejuku
［名詞］ 食べていくこと．口に糊
すること．＜もの食らい尽く

ナイビラン naibiraN なりません．

ウンナクンナ 'uNna-kuNna［代名詞］

そんなこんな．

ユイ yui［名詞］ 理由．＜ゆゑ

ヤイビーラ yaibiira 〜でしょうか．
ヤイビーンの推量形．前のガとの
係り結び．

ヤンディ yaN-di 〜であると．←ヤ
ン＋ンディ

ウマーリヤビーン 'umaariyabiiN 思
われます．←ウムユン＋リユン＋
アビーン

— 150 —

ウンナクンナヌ成リ行チヌ故ガヤイビーラ, 沖縄ヌ女ヌ達ガ,
uNna-kuNna-nu nariyuchi-nu yui-ga yaibiira,
'uchinaa-nu winagu-nu-chaa-ga,

良ー働チュル事ン, 真ヤンディ思ーリヤビーン.
'yuu hatarachuru kutu-N, makutu yaN-di 'umaariyabiiN.

明治三十二年, 糸満ウゥティ, 芝居ヌ有タルバス,
meeji-saNjuuni-niN, 'ichimaN-wuti, shibai-nu 'ataru-basu,

「糸満女ヌ習方トゥッシ, 十二, 三ヌ頃カラ, 商ー始ミティ,
"'ichimaN-winagu-nu nareekata-tusshi, juuni-saN-nu kuru-kara, 'achinee hajimiti,

女ンディ言ーナギナ, ノータ小ヌ銭, 貯イル事ン叶ティ,
winagu-Ndi 'ii-nagina, noota-gwaa-nu jiN, tabuiru kutu-N kanati,

芝居見チン, 余所他人カラ, 物言ヌ無ランクトゥ,
shibai Nchi-N, yusu-taniN-kara, munu'ii-nu neeraN-kutu,

毎夜, 芝居見ジャー達ガ多ク押シ掛キティ来ョータン」
meeyuru, shibai-Njaa-taa-ga 'uhwooku 'ushikakiti chootaN"

イチマン 'ichimaN［地名］ 糸満. 沖縄本島の南西部にある.

バス basu［助詞］ ～するときに. 動詞連体形や名詞＋ヌに付く. 空間を表わす「ばしょ（場所）」が, 時間を表わす助詞に変化したもの.

ナレーカタ nareekata［名詞］ 習慣. いつもの行動. ＜習い方

トゥッシ tusshi［助詞］ ～として.

ナギナ nagina［助詞］ ～ながら. 逆接の助詞. 動詞の連用形に付く.

ノータグヮー noota-gwaa 少しばかり. わずか.

ユスタニン yusu-taniN［名詞］ 他人.

ムヌユイ munu'ii［名詞］ 文句. ＜物言い

ンジャー Njaa 見る人. ←ンジュンの連用形ンジ＋a（→125頁）

チョータン chootaN チューン〈来る〉の継続・過去形.

ディ言チ, 新聞ンカイ書カットーイビーン.
-di 'ichi, shiNbunu-Nkai kakattooibiiN.

「夫ー, 持タンティン, 子ー, 産シェー」
"wutoo, mutaNti-N, kkwaa, nashee"

ンディ言ル阿母ン居タンディヌ事, 聞チョーイビーン.
-Ndi 'iru 'aNmaa-N wutaN-di-nu kutu, chichooibiiN.

ウリカラ, 「男 一人, 養ユーサンティカラ, 女ヤミ」
'urikara, "wikiga chui, chikana-yuusaNti-kara, winagu ya-mi"

ンディ言ル言葉ン有ンディ聞チャビタン.
-Ndi 'iru kutuba-N 'aN-di chichabitaN.

シンブヌンカイ shiNbunu-Nkai 新聞
  に. ←シンブン＋ンカイ
カカットーイビーン kakattoibiiN 書
  かれています. ←カチュンの受身・
  継続形＋イビーン
ムタンティン mutaNti-N 持たなくて
  も. ←ムチュンの否定・テ形＋N
ナシェー nashee ナスンの命令形.
●ナスン nasuN［動詞］産む.
イル 'iru ッユン〈言う〉の連体形.
  ッユルとも.

チチョーイビーン chichooibiiN 聞い
  ています. ←チチュンの継続形＋
  イビーン
ウィキガ wikiga［名詞］男.
チカナユーサンティカラ chikana-
  yuusaNti-kara ←チカナユン＋可能
  の助動詞ユースンの否定・テ形＋
  助詞カラ
●チカナユン chikanayuN［動詞］養
  う. 飼う. チカナインとも.
ヤミ ya-mi ～であるか. ←ヤン＋i

沖縄 女 ヌ意地リ有シ解ティ，ッウィーリキサー有シガ，
'uchinaawinagu-nu 'ijiri 'a-shi wakati, 'wiirikisaa 'a-shiga,

ウヌ沖縄ウゥティ，夫婦ンダ別リヌ多サンディヌ事ー，
'unu 'uchinaa-wuti, miituNdawakari-nu 'uhusaN-di-nu kutoo,

ユーサイネー，女ヌ，男，見抑イソール表レー
yuusai-nee, winagu-nu, wikiga, mii'usheei sooru 'arawaree

アランガヤーンディ思ーリヤビーン．
'araN-gayaa-Ndi 'umaariyabiiN.

アンサビークトゥ，男ティラ者，鈍々トゥッシェー，
'aNsabiikutu, wikiga-tira-muN, duNduN-tu-sshee,

居ララノーアイビラニ．今ヌ世ヤ……
wuraranoo 'aibirani. nama-nu yuu-ya......

（大野道雄氏提供）

イジリ 'ijiri［名詞］ 意気地．

アシ 'ashi 有ること．←アン＋シ

ッウィーリキサ 'wiirikisa 面白さ．
　興味深さ．

ミートゥンダワカリ miituNdawakari
　［名詞］ 離婚．

ユーサイネー yuusai-nee 言うなれば．

ミーウシェーイ mii'usheei［名詞］
　軽蔑．見くびること．

ソール sooru している．スンの継続・
　連体形．

アランガヤーンディ 'araN-gayaa-Ndi
　〜ではないかと．

アンサビークトゥ 'aNsabiikutu［接続
　詞］ そういうわけですから．

ティラムン tira-muN 〜たる者．

ドゥンドゥントゥ duNduN-tu ぼやぼ
　やと．うかうかと．

ウゥララノー アイビラニ wuraranoo
　'aibirani いられないではありませ
　んか．ウゥララノーはウゥンの未
　然形＋リーンの否定形＋ヤ．

【訳】

　今の時代，沖縄の夫婦たちには，共働きする人がたくさんいます．近頃は，保育所も多く建って子供を預けやすくなり，また，夫一人の儲けでは，とても食べてはいけません．そんなこんなの事情があるためでしょうか，沖縄の女性がよく働くことも事実だと思われます．

　明治三十二年，糸満で芝居があったとき，「糸満女の習慣として，十二，三歳の頃から商売を始めて，女とは言いながら，少しばかりのお金を貯めることもでき，芝居を見ても，他の人から何の文句も言われないので，毎夜，芝居を見る者たちが多く押し掛けてきていた」と，新聞に書かれています．

　「夫を持たなくても子を産みなさい」という母親もいたということを聞いています．それから，「男一人養うことができなくて，女と言えるか」という言葉もあると聞きました．

　沖縄女の意気地があるのがわかって興味深くはあるのだけれど，その沖縄で離婚が多いということは，言うなれば，女が男を軽蔑しているあらわれではないかとも思われます．

　ですから，男たる者，うかうかとしてはいられないではありませんか．今の時代は……

【解説】

● 「瓦版」

　民謡（島唄）をはじめ沖縄の文化はヤマトの人々にも人気がありますが，沖縄の言葉を知らなければその本当の面白さを味わうことはできません．一方，沖縄の人々の間でも地元の言葉（シマクトゥバ）が次第に使われなくなり，おじいさん・おばあさんの使う言葉が孫の世代にほとんど通じないという状況が生まれています．時代が下るにしたがって，島唄・琉球舞踊・沖縄芝居などの沖縄語の表現が，若い人たちには理解できなくなってきているのです．

こうした状況を打開するために，沖縄の大学には沖縄の諸方言を研究する機関がいくつかおかれ，大きな成果をあげていますし，また沖縄語の市民講座（カルチャースクール）が誰でも気軽に参加できる形で開かれています．沖縄やヤマトの人はもちろん，遠く南米から参加した人もいたそうです．

「瓦版」はこの市民講座で勉強のために作られていたものです．生徒が日常起こったことや人から聞いた話をまず共通語で作文し，先生がそれを沖縄語へ翻訳して，教材として使うのです．ここではそのひとつを紹介させていただきました．

●「方言ニュース」

その沖縄語講座の講師である伊狩典子さんは，ラジオ沖縄の番組「方言ニュース」のキャスターとしても有名です．

この番組では月曜〜金曜の午後1時から約5分間，ニュースがすべて沖縄語で放送されています．沖縄語は，沖縄中南部言葉とも言われ，島唄・琉球舞踊・沖縄芝居などの源泉にもなっている言語です．

「方言ニュース」では，長らく那覇方言と首里方言によって発信されており，首里方言話者の伊狩さんは，火曜と木曜と担当され，1982年10月から2017年3月までの約35年間，方言キャスターを務めていました．那覇方言と首里方言では，アクセントや使う単語に微妙な違いがありますが，沖縄の人はどちらも理解できます．

「方言ニュース」の元原稿は，最近，沖縄で起こった出来事を記事にした共通語によるニュース原稿です．漢語や外来語などは，語彙の性格上，共通語そのままの部分もありますが，和語を中心に沖縄語に翻訳されて放送されています．沖縄語と共通語の差がどれくらいあるのか端的に示してくれていますし，沖縄語の聞き取りにはもってこいの番組と言えるでしょう．

17 [トゥーナナチ tuunanachi] 琉歌

鑑賞 ①

1. てんさごの花や　爪先に染めて　　　　　　**DL** 20
    親のよせごとや　肝に染めれ

    ティンサグヌ　ハナヤ　チミサチニ　スミティ
    tiNsagu-nu hana-ya chimisachi-ni sumiti

    ウヤヌ　ユシグトゥヤ　チムニ　スミリ
    'uya-nu yushigutu-ya chimu-ni sumiri

2. 里が張て呉てる　むんじゅるの笠や　　　　　**DL** 21
    被でわもすだきゃ　縁がやゆら

    サトゥガ　ハティ　クィテル　ムンジュルヌ　カサヤ
    satu-ga hati kwiteru muNjuru-nu kasa-ya

ティンサグ tiNsagu　ほうせんか. 口
　語ではティンサーグー. ＜飛び砂
　（とびさご）

チミ chimi　爪. 口語・童謡・民謡
　などではチミという発音でよいが,
　沖縄古典ではツィミ tsimi.

スミティ sumiti　スミユン〈染める〉
　のテ形.

ユシグトゥ yushigutu　教訓. ＜寄せ言

スミリ sumiri　スミユンの命令形.

サトゥ satu　貴方. 女のほうから愛
　する男性を指す言葉.

ハティ hati　ハユン〈張る〉のテ形.

クィテル kwiteru　～くれてある. ～
　くれた. 連体形. 口語ではクィテ
　ール.

ムンジュル muNjuru　麦わら.

カンディ kaNdi　カンジュン〈被る〉
　の基本語幹＋i.

ワン waN　～しても.

●シダサン shidasaN　涼しい. 沖縄
　古典ではスィダサン.

イィン yiN　縁.

ヤユラ yayura　ヤンの推量形. 直前

カンディワン　シダサ　イィンガ　ヤユラ
kaNdi-waN shidasa yiN-ga yayura

3.　　　今帰仁の城　しもなりの九年母　　　DL 22
　　　　志慶真乙樽が　ぬちやいはちやい

ナチジンヌ　グシク　シムナイヌ　クニブ
nachijiN-nu gushiku shimunai-nu kunibu

シキマ　ウトゥダルガ　ヌチャイ　ハチャイ
shikima 'utudaru-ga nuchai hachai

の助詞ガ ga との係り結び. 口語で
はヤラ.

ナチジン nachijiN　今帰仁. 沖縄北部,
　本部半島における地名. かつての
　北山（ほくざん）の根拠地.

シムナイ shimunai　時期遅くにつけ
　た実. ここでは, ようやく誕生し
　た王子の比喩として使われている.

クニブ kunibu　九年母. 柑橘類の一
　種. 実の輝かしい色から, ここで
　は大切な赤ん坊（王子）の比喩と
　して使われている.

シキマ　ウトゥダル shikima 'utudaru
　志慶真村の乙樽. 人名.

ヌチャイ　ハチャイ nuchai hachai
　差し上げたり, 抱っこしたり. ヌ
　チャイはヌチュン〈貫く〉の, ハ
　チャイはハチュン〈はく〉の過去・
　連用形. 過去・連用形を繰り返して,
　「～したり, ～したり」の意味を表
　わす.

【訳】

1. ほうせんかの花は（マニキュアとして）爪に染めて，親からの教訓は心に染めなさい．

（てぃんさぐの花）

2. 愛しいあの人（男）が張ってくれた麦わらの笠は，被っても涼しい．やはり縁があるのでしょうか．

（芋の葉節）

3. 今帰仁の城に，遅く実をつけるクニブのように待望の輝かしいお世継ぎが生まれた．志慶真村の乙樽が差し上げたり，抱えたりしてあやしている．

（山原てぃーまとぅ）

【解説】

●琉歌

ヤマト語の短歌が 5・7・5・7・7 という韻律で作られるのに対して，沖縄語の短歌は 8・8・8・6 となっています．この，俗にサンパチロク（3つ8音が続いて6音で締める意）と呼ばれる形式の歌謡を，ヤマト語の「和歌」に対して，「琉歌」と呼びます．

琉歌は，単に詠まれるだけでなく，メロディーにのせて歌われるのが大きな特徴です．琉球の古典音楽では三線などにあわせて琉歌が歌われています．18世紀以降，琉歌の節は工工四と呼ばれる琉球音楽独自の符に記録されるようになりました．18世紀半ばの「屋嘉比工工四」には，すでに117曲が記載されています．

古典音楽だけでなくウシデーク（民俗舞踊），ハーリー（舟漕ぎ

競走）など，各地のお祭り行事に欠かせない歌の数々も，多くがサンパチロクという琉歌の形式になっています．

●沖縄の童謡

　子どもたちの日常生活のなかで生み出されてきた童謡からは，自然と人間との交感が豊かに見てとれます．童謡は必ずしも琉歌のリズムに制約されませんが，琉歌の形式を備えたものも多くあります．「てぃんさぐの花」はその中で最も有名な童謡でしょう．ほうせんかの花で爪を染めるように，親の教えを心に染めなさい，という歌詞の続きは，たいてい次のようなものです．

　　　　夜走らす船や　子の方星目当て　　　　　　　　　　 DL 20
　　　　我生ちえる親や　我ど目当て
　　　　ユル　ハラス　フニヤ　ニヌファブシ　ミアティ
　　　　ワン　ナチェル　ウヤヤ　ワンドゥ　ミアティ
　　　　〈夜走らせる船は北極星が目標である．私を生んだ親は今では
　　　　私を頼りにしている．〉

　あれっ，どこかで見たような？　そう，1行目（上句）は第1課の例文に似た文章がありましたね．「ユル　フニ　ハラスル　トゥチネー，アリ（ニヌファブシ）ガ　ミアティ　ヤンドー」．実はこの琉歌を下地にしたものだったんです．

●琉球舞踊と琉歌

　琉球の古典音楽は，琉球舞踊の伴奏としても欠かせません．そこでは三線のほか琴，笛，胡弓，太鼓といった伝統的な楽器とあわせ，琉歌も歌われます．琉球舞踊は大きく分けて，古くから首里

— 159 —

を中心に伝わる「古典舞踊」と，それを素地に明治以降創作され発展した庶民的な「雑踊（ゾーウゥドゥイ）」とに分類されます．

今日の誇らしやや　何にぎやな譬る　　　　　　　　**DL** 23
蕾でをる花の　露行逢たごと
キユヌ　フクラシャヤ　ナウニジャナ　タティル
ツィブディ　ウゥル　ハナヌ　ツイユ　チャタグトゥ
〈今日の晴れやかな気持ちは何にたとえられるだろうか．
　花の蕾が露に出会ってぱっと開いたような．〉

　古典舞踊の中で最も知られているのがこの「かぎやで風」（カジャディフー kajadihuu）です．結婚式や建物の落成披露など，めでたい席の冒頭には必ずと言っていいほど歌い踊られる琉歌です．
　例文の「里が張て呉てる〜」は，「雑踊　むんじゅるー」の中で歌われる琉歌です．「雑踊　むんじゅるー」は名舞踊家，玉城盛重（たまぐすくせいじゅう）がこの琉歌や粟国島（あぐに）に伝わる歌をもとに，1895年（明治28年）頃，振り付けたとされています．踊り手は芭蕉衣（バサーヂン）をまとった田舎娘に扮し，愛する男性から贈られたムンジュル笠を背負って舞台に現われ，この琉歌が歌れるときにそれを頭にかぶって，乙女の純真無垢な思いを表現します．
　なお，ムンジュル笠とは「麦わらで編んだ笠」のこと．ムンジュルはムギグル（「グル」は殻の意）が変化したもので，グ gu が直前の母音 i の影響でジュ ju と口蓋化しています．

● 今帰仁御神（ナチジンウカミ）
　美女のことを沖縄語でチュラカーギー chura-kaagii（＜清ら影）と

言いますが，比喩的に今帰仁御神と言うこともあります．今帰仁御
神とは歴史上の絶世の美女，志慶真乙樽のことです．

　時は 13 世紀．沖縄がまだ北山，中山，南山の三山に分かれて，
お互いに張り合っていた時代です．当時，今帰仁城を根拠地とする
北山王が，絶世の美女と評判の高い志慶真村（現在の兼次と諸志の
間にあった）の乙樽をぜひ妻にと望みます．北山王には，すでに王
妃がいましたので，乙樽は北山王の第二夫人となりました．

　北山王はなかなか世継ぎに恵まれませんでした．ついに王妃が身
ごもったという報に喜んだのもつかの間，北山王は病にかかって亡
くなってしまいます．「今帰仁の城　しもなりの九年母〜」の琉歌は，
今帰仁城で，亡き北山王の大切な一粒種である王子を黄金色のクニ
ブにたとえ，継母である乙樽が愛情をこめてあやしている情景をし
のんで歌ったものです．

　その後まもなく，本部大主のクーデターによって今帰仁城は焼け
落ちます．王妃，王子，乙樽たちは命からがら脱出しますが，王妃
は逃げる途中で力尽きて死んでしまいます．王子は身をやつして本
部大主の追っ手から逃れ，機会をうかがうこと 18 年，とうとう念
願の復讐を果たします．組踊「本部大主」は，この仇討ちを描いた
ものです．

　乙樽はその後，北山における最高神職のノロ（神女）に任命され
て，人々の敬愛を集めたということです．

— 161 —

18 民謡

[トゥーヤーチ tuuyaachi]

鑑賞 ②

DL 24

汗水節
（アシミジブシ）

'ashimiji-bushi

作詞：仲本　稔／作曲：宮良長包

1. 汗水ユ流チ　働チュル人ヌ
（アシミジ　ナガ　ハタラ　ヒトゥ）

　'ashimiji-yu nagachi hatarachuru hitu-nu

　心 嬉シサヤ　他所ヌ知ユミ
（ククルウリ　ユス　シ）

　kukuru 'urishisa-ya yusu-nu shiyu-mi

　他所ヌ知ユミ　（ユイヤ　サーサー）
（ユス　シ）

　yusu-nu shiyu-mi (yuiya saasaa)

　他所ヌ知ユミ
（ユス　シ）

　yusu-nu shiyu-mi

　（シュラヨー　シュラヨー　シュラ　働カナ）　※くり返し
（ハタラ）

　(shura-yoo shura-yoo shura hataraka-na)

ユ yu　〜を（文語的表現）.

ナガチ nagachi　ナガスンのテ形.

●ナガスン nagasuN　流す.

●ハタラチュン hatarachuN　働く.

ヒトゥ hitu　人（文語的表現）.

ウリシサ 'urishisa　嬉しさ（文語的
　表現）. 口語ではウッサ 'ussa.

ユス yusu　他の人.

シユ shiyu　シユンの尾略形.

●シユン shiyuN　知る.

ユイヤ　サーサー yuiya saasaa　囃子
　言葉

シュラ shura　囃子言葉

ハタラカナ hataraka-na　働こうよ.
　ハタラチュン〈働く〉の志向形＋ナ.
　（→第6課）

— 162 —

2. 一日二五十　百日二五貫
<ruby>一日<rt>イチニチ</rt></ruby> <ruby>二五十<rt>グンジュ</rt></ruby>　<ruby>百日<rt>ヒャクニチ</rt></ruby> <ruby>二五貫<rt>グクヮン</rt></ruby>
'ichinichi-ni guNju hyakunichi-ni gukwaN

<ruby>守<rt>マム</rt></ruby>ティ<ruby>損<rt>スク</rt></ruby>ナルナ　<ruby>昔言葉<rt>ンカシクトゥバ</rt></ruby>
mamuti sukunaru-na Nkashikutuba

<ruby>昔言葉<rt>ンカシクトゥバ</rt></ruby>　（ユイヤ　サーサー）
Nkashikutuba (yuiya saasaa)

<ruby>昔言葉<rt>ンカシクトゥバ</rt></ruby>　※
Nkashikutuba

3. 朝夕働チョティ　積ン立ティル銭ヤ
<ruby>朝夕<rt>アサユ</rt></ruby> <ruby>働<rt>ハタラ</rt></ruby>チョティ　<ruby>積<rt>チ</rt></ruby>ン<ruby>立<rt>タ</rt></ruby>ティル<ruby>銭<rt>ジン</rt></ruby>ヤ
'asayu hatarachoti chiNtatiru jiN-ya

<ruby>若松<rt>ワカマチ</rt></ruby>ヌ<ruby>茂<rt>ムテ</rt></ruby>イ　<ruby>年<rt>トゥシ</rt></ruby>トゥ<ruby>共<rt>トゥム</rt></ruby>ニ
wakamachi-nu mutei tushi-tu tumuni

<ruby>年<rt>トゥシ</rt></ruby>トゥ<ruby>共<rt>トゥム</rt></ruby>ニ　（ユイヤ　サーサー）
tushi-tu tumuni (yuiya saasaa)

<ruby>年<rt>トゥシ</rt></ruby>トゥ<ruby>共<rt>トゥム</rt></ruby>ニ　※
tushi-tu tumuni

グンジュ guNju　銭50文．1厘．

グクヮン gukwaN　銭5貫．10銭．当時は1円＝50貫＝100銭＝1000厘＝50000文というレート．

●マムユン mamuyuN　守る．

スクナルナ sukunaru-na　スクナユン〈損なう〉の禁止形．口語ではスクナユナあるいはスクナンナ．

ハタラチョティ hatarachoti　口語では

ハタラチョーティ（ハタラチュンの継続・テ形）．8音節のリズムに合わせている．

ジンヤ jiN-ya　口語ではジン＋ヤはジノー．

ワカマチ wakamachi　若松．変わらぬ生命の象徴．

ムテイ mutei　繁茂．栄えること．口語ではムテーイ．

漲水 ヌクイチャー
parumizï-nu kuichaa
宮古民謡

1. 漲水ヌ　舟着ヌ　砂ンナグヌヨ　（ヤイヤヌ）
   parumizï-nu hunatsïkïnu sïnaNnagu-nu-yo (yaiyanu)
   （ヨーイマーヌユー）　砂ンナグヌヨ　（ニノヨイサッサイ）
   (yooimaanuyuu) sïnaNnagu-nu-yo (ninoyoisassai)

2. 粟ンナナリ　米ンナナリ　乗寄リ来バヨ　（ヤイヤヌ）
   'awa-Nna nari kumi-Nna nari nuyuri-kuuba-yo (yaiyanu)
   （ヨーイマーヌユー）　上ガリ来バヨ　（ニノヨイサッサイ）
   (yooimaanuyuu) 'agari-kuuba-yo (ninoyoisassai)

3. 島皆ヌ　三十原ヌ　兄小達ヤヨ　（ヤイヤヌ）
   sïmaNna-nu misubara-nu suza-gama-ta-ya-yo (yaiyanu)

パルミジゥ parumizï　地名．宮古島
　平良市にある．ïという発音につい
　ては解説参照．
クイチャー kuichaa　宮古の舞踏歌謡．
フナチゥキゥ hunatsïkï　船着場．
シゥナンナグ sïnaNnagu　砂々．
アワ 'awa　粟．宮古の口語ではアー
　'aa.
ンナ Nna　〜には．〜に．ニ＋ヤが

音変化したもの．
ナリ nari　なって．
クミ kumi　米．
　宮古の口語ではマイゥ maï.
ヌユリ nuyuri　乗り寄って．
クーバ kuuba　来たら．
アガリ 'agari　上がって．
シゥマンナ sïmaNna　すべての集落．
　島じゅう．＜しまみな

— 164 —

（ヨーイマーヌユー）　兄小達ヤヨ　（ニノヨイサッサイ）

(yooimaanuyuu) suza-gama-ta-ya-yo (ninoyoisassai)

4.　鉌取ラダ　鉄ヤ押サダ　良カラディダラヨ　（ヤイヤヌ）

pira turada kani-ya 'usada yukara-di-dara-yo (yaiyanu)

（ヨーイマーヌユー）　楽スディダラヨ　（ニノヨイサッサイ）

(yooimaanuyuu) raku-su-di-dara-yo (ninoyoisassai)

ミスバラ misubara　三十の村.

スザ suza　お兄さん. 首里ではシー
　ジャ shiija.

ガマ gama　指小辞. 沖縄本島などの
　グヮー gwaa と似た使い方をする.

ピラ pira　へら. 農具の一つ.

トゥラダ turada　取らない. 取らない
　で. 宮古方言の一部では,「未然形＋
　ダ da」で否定形を表わす.

カニ kani　鉄. ここでは鋤（すき）
　の意か？

ウサダ 'usada　押さない. 押さない
　で.

ユカラ yukara　良かろう.

ディダラ di-dara　〜であろう.

— 165 —

鷲ヌ鳥　節

basï-nu-turï-busï

八重山民謡

1. 綾羽バ　生ラショリ　ビゥル羽バ　孵ダショリ
  'ayapani-ba marashori bïrupani-ba sïdashori

  （鷲ヌ鳥 ヨー願ユナ鷲）　※くり返し
  (basï-nu turï-yoo nigayuna basï)

2. 正月ヌ　シゥトゥムディ　元日ヌ　朝パナ　※
  shoNgazï-nu sïtumudi gwaNnitsï-nu 'asapana

3. 東カイ　飛ビチゥケ　太陽バ戴メ　舞イチゥケ　※
  'agarï-kai tubitsïke tida-ba kame maitsïke

バシゥ basï　鷲.

バ ba　〜をば.

マラショリ marashori　生みまして.
　←マラシゥン〈生む〉＋オーリ〈丁
　寧を表わす〉

ビゥルパニ bïrupani　ふさふさと重な
　る羽.

シゥダショリ　sïdashori　←シゥダ
　シゥン〈孵す〉＋オーリ

シゥトゥムディ sïtumudi　早朝. 古語
　「つとめて」と同根.

首里ではストゥミティ sutumiti.

アサパナ 'asapana　朝ぼらけ. 朝ま
　だき. パナ pana は「端（はな）」
　で「はじめ, 先頭」を意味する語.

アガリゥ 'agarï　東. 太陽が上がる所.
　首里ではアガリ.

トゥビチゥケ tubitsïke 飛んで行って.

ティダ tida　太陽.

カメ kame　戴いて. 頭にものを載せ
　ること.

マイチゥケ maitsïke 舞って行って.

【訳】

汗水節

1. 汗水を流して働く人の，心からの嬉しさは他の人に分かるだろうか．（さあ，働こうよ．）
2. 1日に50文，100日に5貫，その蓄えを守って無駄をするなと昔の言葉が語っています．
3. 朝夕働き続けて，積み立てるお金は，若松が繁茂するように栄えるのです．年とともに．

漲水のクイチャー

1. 漲水の船着き場の砂々が
2. 粟になり米になり乗り寄って来れば上がって来れば
3. 島中の三十原（村）のお兄さんたちは
4. へらも取らず，鉄も押さなくてよくなるだろう，楽になるだろう．

鷲の鳥節

1. 綾のような羽の子鷲を生みまして　ふさふさとした羽の雛鷲を孵しまして（鷲の鳥よ，願うよ，鷲）
2. 正月の早朝　元日の朝ぼらけに
3. 東のほうへ飛んで行って（行った．）　太陽を戴いて舞って行って（行った．）

【解説】

●汗水節

　「汗水節」は1929年（昭和4年），県の主催による「貯蓄奨励民謡歌詞募集」の際の当選歌詞で，昭和天皇の即位を祝う御大典記念で披露されました．現在では舞踊やエイサー（沖縄の盆踊り）の音楽としても親しまれています．作詞者の仲本稔は当時の具志頭村仲座青年団部員，作曲者の宮良長包は石垣島の人で，若い頃から沖縄

各地の民謡を採譜して自らの作曲に生かし,「沖縄のフォスター」とも呼ばれました.

●民謡の言葉

民謡は民衆の言葉を反映していますが,それでも日常の言語とは多少異なるところがあります.たとえば,「汗水節」の冒頭「アシミジユ　ナガチ」は日常語なら「アシミジ　ナガチ」となり（→第3課）,助詞ユ yu〈〜を〉は用いられません.琉歌と同様,民謡でも多くは8音節が一区切りになっており,この「ユ」は沖縄の伝統的な歌のリズムを整える働きをしているのです.

また,たとえば〈人〉は日常の言葉ではッチュ cchu ですが,民謡ではヒトゥ hitu と言うことが多く,さらに琉歌や組踊などの古典ではフィトゥ hwitu という,より古風な発音になります.助詞ヤ ya〈〜は〉が付くときの音変化も起こりません.歌謡には,日常語よりも古い語や古い発音が残っています.

●漲水のクイチャー／鷲の鳥節

これまでは主に首里言葉による作品を紹介してきましたが,奄美・沖縄は民俗芸能の宝庫,各地でそれぞれ自慢の歌や踊りが盛んに行なわれています.ここではそれらの中から,宮古と八重山（石垣島を中心とする島々）の民謡を鑑賞してみましょう.

クイチャーは,宮古諸島で年中行事の際にムトゥ（拝み所）の前や広場などで行なわれる円陣舞踊です.かつては沖縄本島の「毛遊ビ」と同じく,男女の出会いの場でもあったようです.

「漲水のクイチャー」は 19 世紀末,人頭税廃止運動の際に作られました.この地方は 1637 年以来,過酷な人頭税に苦しめられてい

ましたが，1903 年（明治 36 年），運動家たちの活躍でようやく廃止にこぎつけました．島民の長年の苦労と，悪税廃止を求めるエネルギーが，この歌と踊りに熱く昇華されています．

「鷲の鳥節」は，歌の盛んな八重山の民謡です．「鷲の鳥」とは，八重山諸島に棲息し，国の特別天然記念物に指定されているカンムリワシのことのようです．若鷲が巣立ちし，今まさに大空に飛び立とうとする姿を称えており，若者の門出を祝う宴などでよく歌われます．古くから歌い継がれてきた物語り歌を，1842 年に大宜見信智が「節歌」と呼ばれる士族の三線音楽に改作したものと言われています．琉歌による古典舞踊と同じように，節歌は八重山古典舞踊に欠かせない音楽です．「鷲の鳥節」は，「二才踊り」といって，青年に扮した踊り手によって踊られます．

●宮古・八重山の言葉の特徴

宮古や八重山諸島の言葉は，沖縄本島と異なる特徴をたくさん持っています．そのひとつが，この本では「ï」という記号で表わされたイとウの中間のような母音で，これを中舌母音といいます．この地域の中舌母音は，s や z に近い音を伴うのが大きな特徴です．このような音をカナで表記するのはとても難しく，本書では「砂」はシゥナ，「鳥」はトゥリゥと表記していますが，シィナとかトゥルィなどと書かれることもあります．なお，奄美やヤマトにも中舌母音の聞かれるところがあります．

また，ピラ pira〈へら〉やパニ pani〈羽〉のように共通語のハ行がパ行（p 音）に対応したり，バシゥ basï〈鷲〉のように共通語の w 音が b 音に対応することが多いのも，宮古や八重山の言葉の特徴です．（→ 188 頁）

19 歌劇

[トゥーククヌチ tuukukunuchi]

鑑賞 ③

DL 27

泊 阿 嘉
トゥマイアーカー

tumai-'aakaa

序幕　伊佐殿内の門前の場（アカチラ節）

思鶴： 今日ヤ名ニ立チュル　三月ヌ三日
ウミチル　チュー　ナ　タ　　サングゥチ　ミッチャ

chuu-ya na-ni tachuru saNgwachi-nu miccha

上下ン遊ブ　世ヌ中ヌ習イ
カミシム　アシ　ユ　ナカ　ナライ

kamishimu-N 'ashibu yununaka-nu narai

乳母連リティ　赤津浦行ジ　螺拾ティ遊バ
チーアン チ　　アカチラ ラッン　ンナヒル　アシ

chii'aN chiriti 'akachira 'Nji Nna hiruti 'ashiba

エーナー阿母　リチャ早クナー
アンマー　　　　　　ヘ

'eenaa 'aNmaa richa heku-naa

ナニ　タチュル na-ni tachuru 有名な.
世に名高い. 文語的な常套句.

カミシム kamishimu　身分が上の者も
下の者も. すべての人々.

チーアン chii'aN　乳母.

アカチラ 'akachira　地名. 現在の那
覇市若狭の一部. かつては砂浜で
あったという.

ンナ Nna　貝. ＜みな（螺）

アシバ 'ashiba　アシブンの志向形.

エーナー 'ee-naa　ほらほら.

アンマー 'aNmaa　おかあさん. ここ
では乳母に対する呼称.

リチャ richa　さあ. ディカ dika とも
いう.

トータリ too-tari　さあさあ. タリは
タイの文語形で, より丁寧な言い
方. 女性が使用する. 男性の場合
はトーサリ.

ウミングヮ 'umiNgwa　愛しい子. こ
こでは「お嬢さん」という呼びか
けで用いられている.

乳母： トータリ思子 急ジミソリ　親加那志カラヌ
too-tari 'umiNgwa 'isuji-misori 'uya-ganashi-kara-nu

　暇 ン拝マビタイ　今日ル遊バリル
'ituma-N wugamabitai chuu-ru 'ashibariru

　晴リ晴リ遊リ　来ャービラヤー
haribari 'ashiri chaabira-yaa

　エータリ思子ウミカキレー　アサキーナーヌ人ヨータリ
'ee-tari 'umiNgwa 'umikakiree 'asakii-naa-nu cchu-yoo-tari

　マクトゥ名ニ立チュル　節日ヌ 徴 ヤイビサタリ
makutu na-ni tachuru shichibi-nu shirushi yaibi-sa-tari

思鶴： アンヤサ阿母 三月ヤ　心 ン晴リ晴リ賑ヤカヤー
'aN ya-sa 'aNmaa saNgwachi-ya kukuru-N haribari
nijiyaka-yaa

　今日ドゥ遊バリル　晴リ晴リ遊ディ 戻 ラヤー
chuu-du 'ashibariru haribari 'ashidi mudura-yaa

イスジミソリ 'isuji-misori　お急ぎく
　ださい.

ウヤガナシ 'uya-ganashi　親御さん.
　←ウヤ＋ガナシ

ウゥガマビタイ wugamabitai　←ウゥ
　ガムン＋アビーンの過去・連用形.

●ウゥガムン wugamuN　いただく.
　拝見する.

ハリバリ haribari　晴れ晴れとした心
　持ちで.

アシリ 'ashiri　アシディ 'ashidi〈遊

んで〉の d が r に転化した形.

チャービラ chaabira　チューン〈来る〉
　の丁寧・志向形.

エータリ 'ee-tari　ほら. 男性の場合
　はエーサリ.

アサキーナーヌ 'asakii-naa-nu　あん
　なに多くの.

シチビ shichibi　節句の日. 節目とな
　るお祭りの日.

ニジヤカ nijiyaka　賑やか.「ジ」は
　「ギ」の口蓋化音.

樽金： 天カラガ下ティ来ャラ　地ヌ底カラガ湧チ出ジタラ
tiN-kara-ga kudati chara chi-nu suku-kara-ga wachi'Njitara

マクトゥ　アヌ無蔵ヤ　神ヤアランカヤー
makutu 'anu NZo-ya kami-ya 'araN-kayaa

崎樋川ヌ拝ミ　半バカラ暇シッチ
sachihija-nu wugami nakaba-kara 'ituma shicchi

アヌ無蔵ガ行方　尋ニヤイ見ダニ
'anu NZo-ga yukui tazuniyai Ndani

地謡：シュウライ節

今日ヤ名ニ立チュル（ヨ）　三月ヌ三日（ヨンスリ）
kiyu-ya na-ni tachuru (yo) saNgwachi-nu miccha (yoNsuri)

（スウリ　スウライ）
(suuri suurai)

浜下リティ互ニ（ヨ）　螺拾ティ遊ブ（ヨンスリ）
hama 'uriti tageni (yo) NNa hiruti 'ashibu (yoNsuri)

（スウリ　スウライ）
(suuri suurai)

チャラ chara　チューンの過去・推量
　形. 前の「ガ」との係り結び.
ワチッンジタラ wachi'Njitara
　ワチッンジユンの過去・推量形.
●ワチッンジユン wachi'NjiyuN 湧き
　出る.
ンゾ NZo　愛しい人. 男性から女性
　を指すときに言う.
サチヒジャ sachihija　崎樋川. 崎泉.
　現在の那覇市天久（あめく）にあ

る樋井戸の名. 渇水が深刻な問題
である沖縄では，井戸は信仰の対
象でありウッガミ〈拝み〉が行な
われる.

シッチ shicchi　してきて.
タズニヤイ tazuniyai　尋ねて. 口語
ではタズニヤーニ tazuniyaani とい
う「アーニ形」が一般的だが，文
語では「～アイ -ai」の形が使われる.
キユ kiyu　チューの文語的発音.

【訳】

思鶴：今日は「浜下り」で世に名高い三月三日，みながみな遊ぶ世の中の慣わし．
　　　乳母を連れて赤津浦の浜に行って，貝を拾って遊ぼう．
　　　ほらほら，乳母よ，ねえ早くして．

乳母：さあさあお嬢様，お急ぎください．親御さまからのお暇もちゃんといただきましたし，今日は楽しく過ごせます．
　　　晴れ晴れとした心で遊んで参りましょう．
　　　ほら，お嬢様，ご覧ください．あんなにたくさんの人が．
　　　本当に世に名高い節句の日というだけのことはありますね．

思鶴：そうね，乳母や，三月は心も晴れ晴れとしてウキウキするね．
　　　今日は楽しく過ごせるわ．晴れ晴れとした心で遊んで戻りましょう．

樽金：天から降りてきたのだろうか，地の底から湧き出てきたのだろうか，本当にあの美しい人は神ではないのだろうか．
　　　崎泉の拝みを途中から辞してきて，あの愛しい人の行方を尋ねてみよう．

【解説】

●沖縄芝居

　明治時代になって琉球王国が滅びると，士族たちは特権階級としての地位を失い，口を糊するにも窮するようになりました．そこで彼らは，士族の教養として身につけていた古典舞踊や組踊などの芸能を生活の糧にすることを考え，巷に芝居小屋を立てて演じたのです．しかしながら，民衆の支持を得るには古典芸能だけでは限界が

あり，興行を続けるために新しい芸を工夫する必要が出てきました．このような背景から「雑踊」という庶民的な踊りと，「沖縄芝居」という沖縄語による演劇が生まれました．

●琉球歌劇

「沖縄芝居」は大きく分けて「方言セリフ劇」と「歌劇」に分類されます．「方言セリフ劇」は独特の芝居口調の沖縄語で演じられ，「歌劇」は沖縄音楽のメロディーにのせて劇が進行していきます．

「歌劇」では，役者たちがお互いに掛け合いで歌います．かつて沖縄の農村では，男女が野に集まり歌と踊りで夜を明かす風習（毛遊ビ）があり，そのなかで男女が歌を作って掛け合うこともしばしばありました．そんな島の生活が琉球歌劇という独自の演劇スタイルに結実し，花を咲かせる素地の一つとなったのかもしれません．

三大歌劇と呼ばれるのが，「泊阿嘉」（作：我如古弥栄），「奥山の牡丹」（作：伊良波尹吉），「伊江島ハンドー小」（作：真境名由康）です．この本ではそのうち初演の最も早い「泊阿嘉」（1910年／明治43年初演）の冒頭を取り上げました．

●「泊阿嘉」

現在の那覇市国際通りの入り口にあたる地域は，かつて久茂地村と呼ばれていました．そこに住む阿嘉家の嫡子・樽金（タルガニ tarugani）は，三月三日の「浜下り」の節句に貴族の娘・思鶴（ウミチル 'umichiru）を見初め，抑え切れない恋心を抱きます．毎晩，泊高橋（沖縄の名橋の一つ）を渡っては彼女の家に通うのですが，会うことはかないません．樽金は泊高橋で思鶴の乳母に恋文を託します．恋文を乳母から渡された思鶴は恥ずかしさのあまり火にくべ

るふりをしますが，内心は樽金に強く惹かれていました．樽金と思鶴はひそかに会います．やがて親の知るところとなり，猛烈な反対を受けました．樽金の父は，息子に那覇から遠く離れた伊平屋島への役目を言いつけます．思鶴は恋人に会えない苦しみから病気になり，樽金への遺言状を乳母に託して息を引き取りました．伊平屋島から戻った樽金は遺言状を読んで悲嘆に暮れ，彼女の墓前でやつれ死んでいきます．

　若者同士の恋が親の反対にあい，二人の死で終わるという，沖縄版「ロミオとジュリエット」です．例文は冒頭の樽金が思鶴を見初める場面で，その舞台となるのが三月三日の「浜下り」（ハマウリ hama'uri）という節句の行事です（→ 191 頁）．三月三日の節句はヤマトでは「ひな祭り」ですが，沖縄の「浜下り」では女たちが連れ立って浜に下り，作ってきた御重（ウジュー 'u-juu）を箸でつつきつつ，踊り，舟遊び，潮干狩りなどを楽しみました．かつて，首里や那覇などに住む良家の娘たちは，儒教的な教育観で厳しくしつけられ，ふだんは外出することもままなりませんでした．そんな箱入り娘たちにも，一年に一度だけ外出を許される日，それが三月三日の「浜下り」の日だったのです．思鶴はこの日を心待ちにする箱入り娘の一人だったのでしょう，「泊阿嘉」冒頭の場面には，「浜下り」に浮きたつ女たちの華やいだ雰囲気がよく表われています．

20
[ニジュー nijuu]

鑑賞 ④

組踊／おもろさうし

DL 28

組踊・執心鐘入 _{シューシンカニイリ}

中城若松： 廿日夜の暗さ　道迷て居たん.
（ファツィカユ ヌ クラサ　ミチマユティウゥ タ ン）

御情の宿に　しばし休ま.
（ウナサキヌ ヤドゥ ニ　シ バ シ ヤスィマ）

宿の女： 稀の御行逢さらめ　あまく片時も
（マリヌ ッウィチェ サ ラ ミ　ア マ ク カタトゥチン）

起きれきれ里よ　語らひ欲しやの.
（ウ キ リ キ リサトゥユ　カ タ レ ブ シャヌ）

中城若松： 今日の初行逢に　語る事無さめ.
（チュー ヌ ファツィッウィチェ ニ　カタル クトゥ ネ サ ミ）

宿の女： 深山鶯の　春の花ごとに
（ミヤマウグイスィヌ　ハル ヌ ハナグトゥ ニ）

添ゆる世の中の　習や知らね.
（ス ユ ル ユ ヌ ナカヌ　ナレ ヤ シ ラ ニ）

中城若松： 知らぬ.
（シ ラ ン）

宿の女： 男生まれても　恋知らぬ者や
（ウゥトゥクッンマ リ ティ ン　クイ シ ランムヌ ヤ）

玉のさかづきの　底も見らぬ.
（タマ ヌ サカズィチヌ　スクン ミ ラン）

中城若松： 女生まれても　義理知らぬ者や
（ウゥンナッンマ リ ティ ン　ジ リ シ ランムヌ ヤ）

これど世の中の　地獄だいもの.
（クリドゥ ユ ヌ ナカヌ　ジグク デ ム ヌ）

※漢字かな交じり文は研究者の復元資料を元にしたテキスト，ルビは音声を表記しました.

— 176 —

【単語】

ファツィカユ hwatsikayu　旧暦二十日の夜．ツィ tsi は沖縄古典の発音．

●ヤスィムン yasimuN　休む．スィ si は沖縄古典の発音．口語はヤシムン yashimuN．

マリ mari　稀．たまさか．

ッウィチェ 'wiche　出会い．めぐり合い．口語ではッウィーチェー 'wiichee．

サラミ sarami　〜ではないか．文語的表現．サミ sami も同じ意味で，音数律によって使い分けられる．

アマク 'amaku　ほんの一瞬，ごくわずかの間．

ウキリキリ 'ukiri-kiri　ウキユン〈起きる〉の命令形ウキリが繰り返された形（畳語的表現）．

サトゥ satu　恋人．愛しいお方．女から男を指す場合に用いる．男から女の場合はンゾ Nzo．

カタレブシャヌ katare-bushanu　←カタレーユン〈語り合う〉の連用形＋ブサンのヌ形

ネサミ ne-sami　ないではないか．←ネーン＋サミ．文語的の表現．

ミヤマウグイスィ miyama'uguisi　深山鶯．人間界から遠く離れた自然の中で生きる鳥．

スユル suyuru　スユン〈寄り添う〉の連体形．

ナレ nare　習い．慣わし．口語ではナレー．

ウゥトゥク wutuku　男．文語．口語ではウィキガ．

タマ tama　玉．大切なもののたとえ．「タマヌ　サカズィチヌ　スク」は『文選』や『徒然草』などの「玉の盃の底無し（見た目はよいが，使用に堪えない）」という表現を引用したもの．

ミラン miraN　ミーユン〈見える〉の否定形．ミーランとなるところが，ミランなのは音数律の関係．

ウゥンナ wuNna　女．文語．口語ではウィナグ．

ジリ jiri　義理．

ジグク jiguku　地獄．道に外れたこと．

デムヌ demunu　〜であることよ．口語ではデームン deemuN．

— 177 —

【訳】

中城若松：二十日夜の暗さで，道に迷っていた．
　　　　　ご厚意の宿に，しばし休もう．

宿の女：　たまさかの出会いではないか．ほんの少しの時間でも
　　　　　起きて下さい，あなた，語り合いたいから．

中城若松：今日初めての出会いに
　　　　　語ることなどないではないか．

宿の女：　深山鶯の春の花ごとに
　　　　　寄り添う世の中の習いを知らないのか．

中城若松：知らぬ．

宿の女：　男と生まれても恋を知らない者は
　　　　　立派な盃の底のないようなものだ．

中城若松：女と生まれても義理を知らない者は
　　　　　これこそ世の中の道知らずであることだ．

【解説】

●組踊「執心鐘入」

　沖縄で「組踊」（クミウゥドゥイ kumiwudui）と呼ばれる楽劇を創始し，楽聖と呼ばれる人物が玉城朝薫（1684 〜 1734）です．朝薫は，王家の流れをくむ高級士族の出身で，若いころから和・漢・琉の教養に親しんでいました．琉球固有の音楽や中国の音楽（明清楽）はもちろんのこと，たびたび薩摩や江戸に出かけ，能や狂言などヤマトの芸能にも深い造詣があったようです．

　1718 年，朝薫は首里王府から踊奉行（ウゥドゥイブジョー wuduibujoo）に任命されます．当時，琉球国王の即位には中国の承認が必要であり，踊奉行は，そのための中国からの使いである冊封使（サップーシ

sappuushi）を歓待するという重大な役目を負っていました．朝薫は，さまざまな素養を「組踊」という独自の楽劇に昇華させ，冊封使を迎えるという一大イベントでそれを上演することによって，琉球王国の面目を大いに施したというわけです．

　例文の「執心鐘入」という組踊は，ヤマトの能「道成寺」にヒントを得て作られたと言われています．あらすじは次のとおり．

　中城若松（ナカグスィク・ワカマツィ nakagusiku wakamatsi）という美男子が，首里へ上る際，夜道に迷って村外れの家に一夜の宿を乞います．家の女は，親が留守といっていったんは断りますが，結局は宿を貸すことにしました．女は見目麗しい若松に恋心を覚え，若松を起こして彼に迫ります．若松は振り払って逃げますが，女は執拗に追ってきました．末吉の寺に救いを求めた若松は，寺の座主にかくまわれ，鐘の下に隠れます．ほどなく女がやってきますが，寺の小僧たちにすげなく断られ，傷心のあまり徐々に鬼女と化していきます．事の重大さに気づいた座主は若松を外へ連れ出します．若松を隠していた鐘への恨みを募らせた女は，鐘の中へ潜り込んでとうとう鬼女となり，法力で応じる座主や小僧たちとの対決となるのですが，最後には法力に調伏させられてしまいます．

　この本に掲げたのは，宿の女が眠っている若松を起こして彼に迫る場面で，この組踊の見所，聴き所の一つとなっています．セリフは，全体の基調となる8・8・8・6の琉歌調で唱えられ，緊張感のある男女のやりとりを表現しています．また，ウゥトゥク〈男〉やウゥンナ〈女〉といったヤマトの言葉もちりばめられ，当時としての斬新な表現への志向がうかがい知れます．

おもろさうし

7 巻 379

うちいてはふへのとりのふし

一　天にとよむ，大ぬし，

　　あけもとろの，はなの，さいわたり，

　　あれよ，みれよ，きよらやよ

又　ち天とよむ大ぬし

10 巻 534

一　ゑ，け，あかる，三日月や，

　　ゑ，け，かみぎや，かなまゆみ

又　ゑ，け，あかる，あかぼしや

又　ゑ，け，かみきや，かなまゝき

又　ゑ，け，あかる，ほれぼしや

又　ゑ，け，かみか，さしくせ

又　ゑ，け，あかる，のちくもは

又　ゑ，け，かみか，まなきゝおび

【単語】

うちいてはふへのとりのふし　ふし名（解説参照）の一つ.

天　テニ. 現代沖縄語ではティン.

とよむ　名の響く. 名高い. 日本古語の「とよむ」も「音が響く」の意味. オモロで常套句として用いられる文語表現.

あけもとろ　日の出の瞬間.「あけもとろの花」は昇ったばかりの太陽（暁）をさす.

の　〜の.〜が. 現代沖縄語ではヌ.

さいわたり　咲き誇って.「さいわたる／せいわたる」の連用形.

あれよ, みれよ　あれを見よ.

きよらやよ　美しいことよ.「きよらや」は現代沖縄語ではチュラサ.

ち天　チテニ. 地上と天. 世の中.

あかる　上がる.

ぎや　〜の. 助詞「が」の口蓋化形.

かなまゆみ　立派な弓.「かな」は〈金〉,「ま」は〈真〉で, ともに「立派な」という意味.

あかぼし　金星. 宵・明けの明星. 現代沖縄語ではマンジャーブシ.〈物欲しげに見る〉という意味の動詞マンジュンにaが付き〈夕食をうらやましそうに見るもの〉という意味でつけられたとされる.

まゝき　矢.「ままき」は日本古語にも見られ,「ままきゆみ」や「ままきや」の略とされる. 現代沖縄語ではイヤ.

ほれぼし　群星. 現代沖縄語ではブリブシ.

さしくせ　差し櫛. 櫛は現代沖縄語ではサバチもしくはクシ. なお, 13巻903に「くせさはね」（鷲の羽で作った髪飾り）という語があり,「くせ」は「奇せ」で「髪に指す羽」とみる説もある.

のちくも　虹雲. 虹は現代沖縄語ではヌージ.『万葉集』などの古語にも「のち」が見られ, また東北方言では「ノジ」という.「のち」を「貫き」の意味とする説もある.

まな　愛しき. 形容詞「まなしさ」からできた接頭語.

きゝおび　帯. 現代沖縄語ではウービだが, 沖縄本島北部や奄美諸島などでは今でも「ききおび」系が多く使われる.

【訳】

7巻379

一　天に名の轟く大主
　　日の出の花たる太陽が
　　咲き誇って
　　あれを見よ美しいことよ
又　地天（に）名の轟く大主
　　日の出の花たる太陽が
　　咲き誇って
　　あれを見よ美しいことよ

10巻534

一　上がる三日月は
　　神のすばらしい弓
又　上がる金星は
　　神のすばらしい矢
又　上がる群星は
　　神の差し櫛
又　上がる虹雲は
　　神の愛しき帯

● 「おもろさうし」

　沖縄に仮名や漢字が伝わったのは，1265年にヤマトの仏僧，禅鑑が渡来し，仏教や和文学をもたらしたときと言われています．まず碑文や王家の辞令書が仮名や漢字で記された後，「おもろさうし」（1531〜1623）という祭祀歌謡集が首里王府によって編纂されました．わずかな漢字をまじえ，ほとんど仮名で書かれています．その表記に注目すると，三母音の原則や口蓋化など沖縄語に特徴的な現象がこの時代にすでに現われ始めていることが分かります．

　「おもろさうし」のオモロとは祭祀に際してうたわれたと考えられる歌謡で，12世紀から17世紀初めまでの間に盛んに作られたようです．口承で伝わっていたオモロを首里王府が集めた「おもろさうし」は全22巻，1554首が収録されています．現存する最古のテキストは1710年編纂のもので，「尚家本　おもろさうし」と呼ばれています．

　オモロを作ったのは「名人」「歌人」などと呼ばれる人々のようですが，各歌の具体的な作者は詳らかではありません．「おもろさ

— 182 —

うし」はときに,「沖縄の万葉集」と称されることもありますが,恋愛など人間の心情をうたったものより,王や英雄,神などを称える内容のものが中心です.

かつてオモロは節を付けて歌われていたと考えられています.その証拠のひとつが「ふし名」で,例えば 7 巻 379 の「うちいてはふへのとりのふし」というふし名は,「うち出で(謡い出し)」を「ふへのとりのふし」というメロディーで歌いなさい,という指示を表わしています.オモロによっては 10 巻 534 のようにふし名の付いていないものもあります.また,「一」という記号はオモロ全体の始まり(一番)を意味し,「又」記号は二番以降の歌詞を表わします.

7 巻 379 のオモロでは,太陽が「天に名高い大主」「日の出の花」と表現されています.琉球王国時代,太陽は最高級の讃美の対象であり,国王は「てだこ」(太陽の子)と呼ばれていました.なかでも「あけもとろ(日の出)」という語が多用されるのは,昇った太陽の若々しい力が称揚されていたことを示すものでしょう.沖縄では現在でも,東西南北のうち太陽の上がる東の方角を特に重んじる傾向があります.

なお,「あれよ みれ よ」の「よ」は〈～を〉を表わす助詞です.現代の首里言葉ならばアリ ンデー 'ari ndee となり,〈～を〉にあたる助詞を用いません.八重山諸島などでユ yu が〈～を〉の意味で使われるところがあることを考えると,オモロに見られるいろいろな特徴が,沖縄語全体の変化過程を考えるために貴重なものであることがわかります.

10 巻 534 のオモロは夜空に輝く月や星をうたった,よく知られたオモロです.「ゑ,け」は囃子ことばで,それぞれの節の頭に詠み込まれています.

□動詞活用表 「持つ」

基本語幹	否定形	志向形	命令
mut-	ムタン mut-aN 〈持たない〉	ムタ mut-a 〈持とう〉	ムティ mut-i 〈持て〉
	〜ナー〈の〉，〜ヤー〈ね〉，〜ケー〈でおけ〉	〜リーン〈れる，られる〉，〜スン〈させる〉，〜ヤー〈ね〉	〜ヨー〈よ〉

連用語幹	連用形	終止形	連体形
much-	ムチ much-i 〈持ち〜〉	ムチュン much-uN 〈持つ〉	ムチュル muchuru 〈持つ〜〉
	〜ミシェーン〈なさる〉，〜ギサン〈そうだ〉，〜ブサン〈したい〉，〜ユースン〈できる〉など	〜ドー〈ぞ〉，〜ナー〈の〉など	〜ムン〈もの〉，〜ッチュ〈人〉など

音便語幹	テ形	過去・終止形	過去・連体形
mucch-	ムッチ mucch-i 〈持って〉	ムッチャン mucch-aN 〈持った〉	ムッチャル mucch-aru 〈持った〜〉
	〜クィミシェービリ〈してください〉，〜クィミソーリ〈してくださいませ〉，ネーン／ネーラン〈してしまった〉，〜イ〈か〉など	〜ドー〈ぞ〉，〜ナー〈の〉など	〜ムン〈もの〉，〜ッチュ〈人〉など

□サ形容詞活用表 「高い」

基本語幹	サ語幹	終止形	連体形	ヌ形
taka-	takasa-	タカサン takasa-N 〈高い〉	タカサル takasa-ru 〈高い〜〉	タカサヌ takasa-nu 〈高いので，高くて，
		〜ヤー〈ね〉，〜ドー〈ぞ〉など	〜ムン〈もの〉，〜キー〈木〉など	

	連用形※		
	タカク taka-ku 〈高く〉	※「恥ずかしい」「珍しい」 ミジラシク〜 mijira-shiku	
	〜ナユン〈なる〉，〜スン〈する〉など		

— 184 —

形	禁止形	条件形		否定・過去形
ムテー mut-ee 〈持て〉	ムトゥナ mut-una 〈持つな〉	ムテー mut-ee 〈持てば〉	ムター mut-aa 〈持つなら〉	ムタンタン mut-aNtaN 〈持たなかった〉
	～ケー 〈ずにおけ〉			～ナー 〈の〉, ～ヤー〈ね〉, ～ドー〈ぞ〉

尾略形	丁寧形	アーニ形	シヨッタ形	条件形
ムチュ much-u 〈持つ～〉	ムチャビーン much-abiiN 〈持ちます〉	ムチャーニ much-aani 〈持って〉	ムチュタン much-utaN 〈持ったよ〉	ムチーネー much-(i)inee 〈持つと〉
～クトゥ〈から〉, ～シガ〈けれども〉, ～シ〈の〉, ～ガ〈(の)か〉, ～ミ〈(の)か〉, ～ッサー〈よ〉, ～サ〈～よ〉など	～ドー〈ぞ〉, ～ナー〈の〉		～ドー〈ぞ〉, ～ナー〈の〉	

過去・尾略形	過去・推量形	継続・終止形	継続・連体形	継続・過去形
ムッチャ mucch-a 〈持った～〉	ムッチャラ mucch-ara 〈持ったろう〉	ムッチョーン mucch-ooN 〈持っている〉	ムッチョール mucch-ooru 〈持っている～〉	ムッチョータン mucch-ootaN 〈持っていた〉
～クトゥ〈から〉, ～シガ〈けれども〉, ～シ〈の〉, ～ガ〈(の)か〉	～ヤー〈ね〉	～ドー〈ぞ〉, ～ナー〈の〉	～ムン〈もの〉, ～ッチュ〈人〉など	～ナー〈の〉, ～ヤー〈ね〉, ～ドー〈ぞ〉

	推量形	丁寧形	過去形
高いよ	タカサラ takasa-ra 〈高いだろう〉	タカサイビーン takasa-ibiiN 〈高いです〉	タカサタン takasa-taN 〈高かった〉
	～ヤー 〈ね〉	～ヤー 〈ね〉, ～ドー 〈ぞ〉	～ヤー 〈ね〉, ～ドー 〈ぞ〉など

などの語の連用形は, ハジカシク～ hajika-shiku,
のように「～シク」となる.

沖縄の人名・地名

＊カナとローマ字はウチナーグチ読み，ルビは現在の一般的な読み方

DL 29

●人名

フィジャ hwija	比嘉	トゥムシ tumushi	友寄
カナグシク kanagushiku	金城	ジーマ jiima	儀間
イファ 'ihwa	伊波	アダンナ 'adaNna	安谷屋
タマグシク tamagushiku	玉城	アラカチ 'arakachi	新垣
ジッチャク jicchaku	勢理客	ティーラ tiira	照屋
ウフグシク 'uhugushiku	大城	シンジャトゥ shiNjatu	新里
テーラ teera	平良	グヤ guya	呉屋
フカマ hukama	外間	タンナファ taNnahwa	玉那覇
シマブク shimabuku	島袋	ジーブ jiibu	儀保
アカンミ 'akaNmi	赤嶺	ナーグシク naagushiku	宮城
ヤマチ yamachi	山内	ナガンミ nagaNmi	長嶺
カチヌハナ kachinuhana	垣花	ヤマグシク yamagushiku	山城
ジキラン jikiraN	瑞慶覧	ヌバル nubaru	野原
チャン chaN	喜屋武	ンミ Nmi	嶺井

●地名

ナーファ naahwa	那覇	クチンダ kuchiNda	東風平
イチマン 'ichimaN	糸満	グシチャン gushichaN	具志頭
チニン chiniN	知念	タマグシク tamagushiku	玉城
ユナバル yunabaru	与那原	サシチ sashichi	佐敷
ティミグシク timigushiku	豊見城	ウフジャトゥ 'uhujatu	大里
ニシバル nishibaru	西原	フェーバル hweebaru	南風原
ウラシー 'urashii	浦添	スイ sui	首里
ジノーン jinooN	宜野湾	ユナグシク yunagushiku	与那城
カッチン kacchiN	勝連	ナカグシク nakagushiku	中城
チャタン chataN	北谷	カディナー kadinaa	嘉手納
イシチャー 'ishichaa	石川	ウゥジミ wujimi	大宜味
グシチャー gushichaa	具志川	アグニ 'aguni	粟国
ナグ nagu	名護	トゥカシチ tukashichi	渡嘉敷
クンジャン kuNjaN	国頭	ナーク naaku	宮古
ナチジン nachijiN	今帰仁	エェーマ yeema	八重山
ムトゥブ mutubu	本部	クミジマ kumijima	久米島
チン chiN	金武	トゥナチ tunachi	渡名喜
ウンナ 'uNna	恩納	ダキドゥン dakiduN	竹富

言語地図

　図は，花の「ハ」が，琉球方言全域でどのように発音されるかについての地図です．奄美から与那国までの島々に，①共通語と同じハha，②唇をすぼめて出すファhwa，③パpa，の3種の音があることがわかります．このような地域差はヒやフなど，他のハ行の音についても，同じようにみられるものです．

　ところで②のようなハ行子音は，実は，ヤマトの北東北や能登半島，山陰などでも聞くことができるのですが，遠い沖縄とヤマトの北の端などに同じ音があるのは，偶然の一致とは思えません．日本の政治や文化の中心から新しい言葉が同心円を描くように周囲に伝わっていった結果，周辺部に古い形が残ったのではないかと考えられるのです．「周圏分布」といわれるこの現象は，他にもいろいろな例が見つかっています．③のp音は主に琉球方言南域で聞かれるものですが，これも含めて周圏分布を考えると，この3つの音の分布は，日本全体で ③→②→① という移り変わりがあった証拠ではないかと思われるのです．

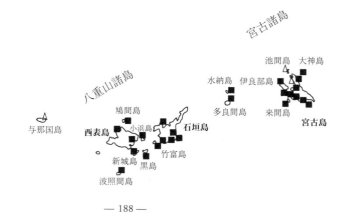

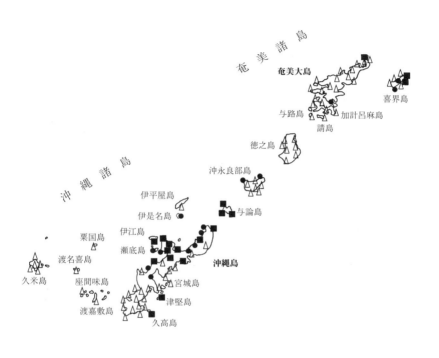
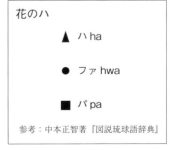

数詞

DL 31

◆数・年齢の数え方
ティーチ tiichi 〈一つ〉
ターチ taachi 〈二つ〉
ミーチ miichi 〈三つ〉
ユーチ yuuchi 〈四つ〉
イチチ 'ichichi 〈五つ〉
ムーチ muuchi 〈六つ〉
ナナチ nanachi 〈七つ〉
ヤーチ yaachi 〈八つ〉
ククヌチ kukunuchi 〈九つ〉
トゥー tuu 〈十〉

◆期間の数え方
チュチチ chuchichi 〈1 か月〉
タチチ tachichi 〈2 か月〉
ミチチ michichi 〈3 か月〉
ユチチ yuchichi 〈4 か月〉
イチチチ 'ichichichi 〈5 か月〉
ムチチ muchichi 〈6 か月〉
ナナチチ nanachichi 〈7 か月〉
ヤチチ yachichi 〈8 か月〉
ククヌチチ kukunuchichi 〈9 か月〉
トゥチチ tuchichi 〈10 か月〉

◆月の数え方
ソーグヮチ soogwachi
　　〈1 月，正月〉
ニングヮチ niNgwachi 〈2 月〉
サングヮチ saNgwachi 〈3 月〉
シングヮチ shiNgwachi 〈4 月〉
グングヮチ guNgwachi 〈5 月〉
ルクグヮチ rukugwachi 〈6 月〉
シチグヮチ shichigwachi 〈7 月〉

ハチグヮチ hachigwachi 〈8 月〉
クングヮチ kuNgwachi 〈9 月〉
ジューグヮチ juugwachi 〈10 月〉
シムチチ shimuchichi
　　〈11 月，霜月〉
シワーシ shiwaashi 〈12 月，師走〉

◆日の数え方
チータチ chiitachi 〈1 日〉
フチカ huchika 〈2 日〉
ミッカ mikka，ミッチャ miccha
　〈3 日〉
ユッカ yukka 〈4 日〉
グニチ gunichi 〈5 日〉
ルクニチ rukunichi 〈6 日〉
シチニチ shichinichi 〈7 日〉
ハチニチ hachinichi 〈8 日〉
クニチ kunichi 〈9 日〉
トゥカ tuka 〈10 日〉

◆人の数え方
チュイ chui 〈1 人〉
タイ tai 〈2 人〉
ミッチャイ micchai 〈3 人〉
ユッタイ yuttai 〈4 人〉
グニン guniN，イチュタイ 'ichutai
　　〈5 人〉
ルクニン rukuniN 〈6 人〉
シチニン shichiniN 〈7 人〉
ハチニン hachiniN 〈8 人〉
クニン kuniN 〈9 人〉
ジューニン juuniN 〈10 人〉

— 190 —

年中行事

　沖縄の人々は年中行事をとても大切にしています．拝むことを沖縄語でウグヮンといい，その際にはウートートゥ〈ああ尊い〉と唱えることが多いようです．ウグヮンを怠るとウグヮンブスク〈御願不足〉といって良くないことが起こるとされています．

　家庭では毎月チータチ〈1日〉とジューグニチ〈15日〉に仏壇と火の神を拝みます．村落祭祀では御嶽もしくは御願所で拝み，海の彼方から世果報と呼ばれる豊饒をもたらす来訪神を祀ったり，豊作を予祝する祭り（ウマチー）を行なったりします．

　沖縄では今でも旧暦が根づいており，暦にも年中行事とともに記されています．沖縄県のそれぞれの地域で年中行事も違うので，暦も地域ごとに異なります．

　ここでは首里を含む沖縄本島中・南部の年中行事の主だったものを挙げておきます．

DL 32

1月　ソーグヮチ〈正月〉	7月　タナバタ〈七夕〉
ジュールクニチー〈16日〉	ブン〈盆〉
ウグヮンダティ〈御願立て〉	ウソーロー〈御精霊：お盆〉
2月　ニングヮチウマチー	8月　トーカチ〈米寿〉
〈麦穂祭〉	シバサシ〈柴差し〉
シマクサラシ〈島祓い〉	フィガン〈彼岸〉
3月　サングヮチウマチー〈麦大祭〉	ジューグヤ〈十五夜〉
ハマウリ〈浜下り〉	9月　カジマヤー〈97歳祝い〉
シーミー〈清明祭〉	クングヮチクニチ
4月　アブシバレー〈畦払い〉	〈重陽の節句〉
5月　ユッカヌフィー〈4日〉	10月　タニドゥイ〈種取祭〉
グングヮチウマチー	11月　トゥンジー〈冬至〉
〈稲穂祭〉	12月　ムーチー〈餅〉
6月　ルクグヮチウマチー〈稲大祭〉	トゥシヌユル
カシチー〈強飯〉	〈歳の夜（大晦日）〉

カナ・ローマ字表記対照表

上段：この本でのカナ表記
中段：この本でのローマ字表記
下段：『沖縄語辞典』(大蔵省印刷局) でのローマ字表記

ア	イ	ウ	エ	オ
'a	'i	'u	'e	'o
ʔa	ʔi	ʔu	ʔe	ʔo
カ	キ	ク	ケ	コ
ka	ki	ku	ke	ko
ka	ki	ku	ke	ko
キャ		キュ		キョ
kya		kyu		kyo
kja		kju		kjo
クヮ	クィ		クェ	クォ
kwa	kwi		kwe	kwo
kwa	kwi		kwe	kwo
ガ	ギ	グ	ゲ	ゴ
ga	gi	gu	ge	go
ga	gi	gu	ge	go
ギャ		ギュ		ギョ
gya		gyu		gyo
gja		gju		gjo
グヮ	グィ		グェ	グォ
gwa	gwi		gwe	gwo
gwa	gwi		gwe	gwo
サ	スィ	ス	セ	ソ
sa	si	su	se	so
sa	și	su	șe	so

シャ	シ	シュ	シェ	ショ
sha	shi	shu	she	sho
sja	si	sju	se	sjo
ザ	ズィ	ズ	ゼ	ゾ
za	zi	zu	ze	zo
ʐa	ʐi	ʐu	ʐe	ʐo
ジャ	ジ	ジュ	ジェ	ジョ
ja	ji	ju	je	jo
za	zi	zu	ze	zo
タ	ティ	トゥ	テ	ト
ta	ti	tu	te	to
ta	ti	tu	te	to
ダ	ディ	ドゥ	デ	ド
da	di	du	de	do
da	di	du	de	do
ツァ	ツィ	ツ	ツェ	ツォ
tsa	tsi	tsu	tse	tso
ça	çi	çu	çe	ço
チャ	チ	チュ	チェ	チョ
cha	chi	chu	che	cho
ca	ci	cu	ce	co
(ヂャ)	(ヂ)	(ヂュ)	(ヂェ)	(ヂョ)
ja	ji	ju	je	jo
za	zi	zu	ze	zo

— 192 —

ナ	ニ	ヌ	ネ	ノ
na	ni	nu	ne	no
na	ni	nu	ne	no

ニャ	（ニィ）	ニュ	（ニェ）	ニョ
nya	(nyi)	nyu	(nye)	nyo
nja		nju		njo

ハ	ヒ	フ	ヘ	ホ
ha	hi	hu	he	ho
ha		hu	he	ho

ヒャ		ヒュ		ヒョ
hya		hyu		hyo
hja		hju		hjo

ファ	フィ		フェ	フォ
hwa	hwi		hwe	hwo
hwa	hwi		hwe	hwo

バ	ビ	ブ	ベ	ボ
ba	bi	bu	be	bo
ba	bi	bu	be	bo

ビャ		ビュ		ビョ
bya		byu		byo
bja		bju		bjo

パ	ピ	プ	ペ	ポ
pa	pi	pu	pe	po
pa	pi	pu	pe	po

ピャ		ピュ		ピョ
pya		pyu		pyo
pja		pju		pjo

マ	ミ	ム	メ	モ
ma	mi	mu	me	mo
ma	mi	mu	me	mo

ミャ		ミュ		ミョ
mya		myu		myo
mja		mju		mjo

ヤ	イィ	ユ	エェ	ヨ
ya	yi	yu	ye	yo
'ja	'i	'ju	'e	'jo

ッヤ		ッユ		ッヨ
'ya		'yu		'yu
ʔja		ʔju		ʔjo

ラ	リ	ル	レ	ロ
ra	ri	ru	re	ro
ra	ri	ru	re	ro

リャ		リュ		リョ
rya		ryu		ryo
rja		rju		rjo

ッワ	ッウィ		ッウェ	ッウォ
'wa	'wi		'we	'wo
ʔwa	ʔwi		ʔwe	ʔwo

ワ	ウィ	ウゥ	ウェ	ウォ
wa	wi	wu	we	wo
'wa	'wi	'u	'we	'o

ン
N
'N

ッン	（ッメ）
'N	'me
ʔN	ʔme

練習問題解答

第1課

1. イル 'iru〈色〉　ウヤ 'uya〈親〉　クミ kumi〈米〉　スディ sudi〈袖〉
ハク haku〈箱〉　ユミ yumi〈嫁〉

2. アンベー 'aNbee〈案配〉　テーゲー teegee〈大概〉
メーニン meeniN〈毎年〉

3. タンチ taNchi〈短気〉　チム chimu〈肝〉　イチャ 'icha〈板〉
ムジ muji〈麦〉　ミッチャ miccha〈三日〉　イチュク 'ichuku〈いとこ〉

4. 　　a. ガ ga　b. ヌ nu　c. ヌ nu

第2課

1. ジー jii〈字〉　ナー naa〈名〉　ター taa〈田〉　ニー nii〈根〉
ムー muu〈藻〉　シー shii〈巣〉

2. ウフサン 'uhusaN　マギサル magisaru　イキラサヌ 'ikirasanu

3. 焼く　ヤカン yakaN（否定形），ヤキ yaki あるいは ヤケー yakee（命令形），
ヤクナ yaku-na（禁止形）

残す　ヌクサン nukusaN（否定形），ヌクシ nukushi あるいは ヌクシェ
ー nukushee（命令形），ヌクスナ nukusu-na（禁止形）

研ぐ　トゥガン tugaN（否定形），トゥギ tugi あるいは トゥゲー tugee（命
令形），トゥグナ tugu-na（禁止形）

第3課

1. サバー sabaa〈草履は〉　シメー shimee〈墨は〉
タムノー tamunoo〈薪は〉

2. マチュル machuru　ヌムル numuru　ウタユル 'utayuru あるいは ウタイ
ル 'utairu

3. ル ru　　ル ru

— 194 —

第４課

1.　a. ニラ nira　b. カマ kama
2.. a. ガ ga　b. ミ mi　c. ミ mi　d. ガ ga

第５課

1. ナー naa〈縄〉　カー kaa〈川，井戸〉　ヤーサ yaasa〈ひもじさ〉
　 アームイ 'aamui〈泡盛〉
2. クラサイビーン kurasaibiiN〈暗いです〉　アササイビーン 'asasaibiiN〈浅
　 いです〉　マギサイビーン magisaibiiN〈大きいです〉
3. カチュシェー kachu-shee〈書くのは〉　ユムシェー yumu-shee〈読むのは〉
　 トゥブシェー tubu-shee〈飛ぶのは〉

第６課

1. ニンタン niNtaN〈眠った〉　ニントーン niNtooN〈眠っている〉
　 ッウィージャン 'wiijaN〈泳いだ〉　ッウィージョーン 'wiijooN〈泳いで
　 いる〉
　 ヤシダン yashidaN〈休んだ〉　ヤシドーン yashidooN〈休んでいる〉
　 ワタタン watataN〈渡った〉　ワトーン watatooN〈渡っている〉

2.　a. チヌー　シグトゥ　ヤシダン. chinuu shigutu yashidaN.
　　 b. クジュ　ヤマトゥンカイ　ワタタン. kuju yamatu-Nkai watataN.
　　 c. ティーッシ（ティーサーニ）　ムッチ　クィミシェービリ
　　　　　　　　　　　　　　　　　　（クィミソーリ）.
　　　　 tii-sshi (tii-saani) mucchi kwi-misheebiri (kwi-misoori).
　　 d. クヌ　ジンッシ（ジンサーニ）　ウティ　クィミシェービリ
　　　　　　　　　　　　　　　　　　　（クィミソーリ）.
　　　　 kunu jiN-sshi (jiN-saani) 'uti kwi-misheebiri (kwi-misoori).

第７課

1.　a. カチャーニ kachaani
　　 b. ヌヤーニ nuyaani
2.　a. ッンジタクトゥ 'Njita-kutu
　　 b. ユダシガ yuda-shiga

— 195 —

3. カマビーン kamabiiN〈食べます〉
   カドーイビーン kadooibiiN〈食べています〉
   トゥバビーン tubabiiN〈飛びます〉
   トゥドーイビーン tudooibiiN〈飛んでいます〉
   ウイビーン 'uibiiN（またはウヤビーン 'uyabiiN）〈売ります〉
   ウトーイビーン 'utooibiiN〈売っています〉

第8課

1. 【否定形】
   イカン 'ikaN〈行かない〉
   ッヤン 'yaN〈言わない〉
   クーン kuuN〈来ない〉
   サン saN〈しない〉

   【テ形】
   ンジ 'Nji〈行って〉
   イチ 'ichi〈言って〉
   ッチ cchi〈来て〉
   ッシ sshi〈して〉

2. 【アーニ形】
   イチャーニ 'ichaani〈行って〉
   ッヤーニ 'yaani〈言って〉
   チャーニ chaani〈来て〉
   サーニ saani〈して〉

   【過去形】
   ンジャン 'NjaN〈行った〉
   イチャン 'ichaN〈言った〉
   チャン chaN〈来た〉
   サン saN〈した〉

3. イカンダレーナラン 'ikaN-daree-naraN〈行かなければならない〉
   ッヤンダレーナラン 'yaN-daree-naraN〈言わなければならない〉
   クーンダレーナラン kuuN-daree-naraN〈来なければならない〉
   サンダレーナラン saN-daree-naraN〈しなければならない〉

4. a. ヤ　　 b. ンカイ　　 c. ウットーティ

第10課

1. a. フィンギラッタン hwiNgira-ttaN　　 b. アシバスン 'ashiba-suN
2. a. カチギサン kachi-gisaN
   b. ユマギユン，ユマギーン yumagiyuN, yumagiiN
   c. チーブサン chii-busaN

第11課

1. a. ユミミソーチャン yumi-misoochaN

— 196 —

b. カチミソーランタン kachi-misooraNtaN

c. ウサガタン 'usagataN

d. ウミカキタン 'umikakitaN

e. クィミソーチャン kwi-misoochaN
あるいはウタビミソーチャン 'utabi-misoochaN

第12課

1. a. ウンヌキタン 'uNnukitaN

b. ユシリタン yushiritaN

c. ウサギタン 'usagitaN

■ 沖縄語クロスワード解答 ■

カ	マ	ン	タ	ン	
ガ	シ		ム		チ
ン		サ	ン	ニ	ン
	ク	バ		ン	ナ
チ	ム		ユ	ダ	ン
ナ	イ	ビ	タ	ン	

単語集

(0)(1) はアクセントを表わす記号です.
(0) は平板なアクセント，**(1)** は語尾が下降するアクセントです.

ア

アー 'aa［名詞］**(0)**　泡.

アイ 'ai［感嘆詞］**(1)**　おや．驚きの気持ちを表わす.

アイ 'ai［名詞］**(1)**　蟻.

アカサン 'akasaN［サ形容詞］**(1)**　赤い.

アギーン agiiN（アギユン agiyuN）［助動詞］　〜しつつある.

アキサミヨー 'akisamiyoo［感嘆詞］**(1)**　あらまあ.

アキトーナー 'akitoonaa［感嘆詞］**(1)**　おやまあ．失敗したときや驚いたときなどに発する.

アギマースン 'agimaasuN［動詞］**(1)**　せかす.

アギユン 'agiyuN［動詞］**(1)**　あげる.

アーサ 'aasa［名詞］**(0)**　ひとえ草（海草）.

アササン 'asasaN［サ形容詞］**(1)**　浅い.

アサバン 'asabaN［名詞］**(0)**　昼食.

アシジャ 'ashija［名詞］**(0)**　下駄.

アシビ 'ashibi［名詞］**(1)**　遊び.

アシブン 'ashibuN［動詞］**(1)**　遊ぶ.

アタイ 'atai［名詞］**(0)**　庭にある畑.

アタイ 'atai［名詞］**(0)**　くらい．程度.
　＜値

アチャ 'acha［名詞］**(0)**　明日.

アッター 'attaa［代名詞］**(0)**　彼ら，彼女たち.

アヌ 'anu［代名詞］**(1)**　あの.

アビユン 'abiyuN［動詞］**(0)**　「言う」の卑罵表現.

アビーン abiiN　〜です．〜ます.

アファアファートゥ 'ahwa'ahwaa-tu **(1)**　薄め薄めに.

アマ 'ama［代名詞］**(1)**　あそこ.

アマサン 'amasaN［サ形容詞］**(1)**　甘い.

アミ 'ami［名詞］**(0)**　雨.

アミユン 'amiyuN［動詞］**(1)**　浴びる.

アヤー 'ayaa［名詞］**(0)**　母.

アリ 'ari［代名詞］**(1)**　あれ．彼.

アワティユン 'awatiyuN［動詞］**(1)**　あわてる．急ぐ.

アン 'aN［代名詞］**(0)**　そう.

アン 'aN［動詞］**(0)**　有る．否定形アランは〈〜でない〉を表わす.

アンサビークトゥ 'aNsabiikutu［接続詞］**(1)**　そういうわけですから.

アンシ 'aNshi［接続詞］**(0)**　それで．それから.

アンシ 'aNshi［副詞］**(0)**　そんなに．なんと.

アンスカ 'aNsuka［副詞］**(0)**　あまり.

— 198 —

文末を否定形で結ぶ.

アンダ 'aNda［名詞］**(0)** 油.

アンダーギー 'aNdaagii［名詞］**(0)** 油で揚げた料理. 天ぷら. ＜油揚げ

アンディユン 'aNdiyuN［動詞］**(1)** あふれる.

アンベー 'aNbee［名詞］**(0)** 案配. 具合. 調子.

イィー yii［連体詞］**(0)** 良い.

イクチ 'ikuchi［疑問詞］**(0)** いくつ.

イサ 'isa［名詞］**(0)** 医者.

イジリ 'ijiri［名詞］**(0)** 意気地.

イスジュン 'isujuN［動詞］**(0)** 急ぐ.

イチ 'ichi **(1)** ッユン〈言う〉のテ形.

イチ 'ichi［疑問詞］**(1)** いつ.

イチデージ 'ichideeji［ナ形容詞］**(1)** 大変. ＜一大事

イチャン 'ichaN **(1)** ッユン〈言う〉の過去形.

イチュク 'ichuku［名詞］**(0)** いとこ.

イチュター 'ichutaa［副詞］**(0)** ちょっとの間.

イチュン 'ichuN［動詞］**(1)** 行く.

イチョーン 'ichooN **(1)** ッユン〈言う〉の継続形.

イッター 'ittaa［代名詞］**(0)** お前たち, 君たち.

イッペー 'ippee［副詞］**(1)** たいへん. とても. 語源は「一杯」か.

イービ 'iibi［名詞］**(0)** 指.

イビーン ibiiN ～です. ～ます.

イミシェーン 'imisheeN［動詞］**(0)** おっしゃる.

イユ 'iyu［名詞］**(1)** 魚.

イユマチ 'iyumachi［名詞］**(1)** 魚売り場. マチグヮーで魚の販売店が多く並んでいる所.

イリ 'iri **(1)** ッユン〈言う〉の命令形.

イリウトゥスン 'iri'utusuN［動詞］**(1)** 射落とす.

イリユン 'iriyuN［動詞］**(1)** 入れる.

イルカジ 'irukaji［副詞］**(0)** いろいろ. ＜色数

イレー 'iree **(1)** ッユン〈言う〉の命令形.

ウー 'uu［感嘆詞］**(1)** はい.

ウィキガ wikiga［名詞］**(0)** 男.

ウィキガングヮ wikigaNgwa［名詞］**(0)** 男の子.

ウィナグ winagu［名詞］**(0)** 女.

ウィナグングヮ winaguNgwa［名詞］**(0)** 女の子.

ウゥーウゥー wuuwuu［感嘆詞］**(1)** いいえ. 目上の人に対して用いる.

ウガムン wugamuN［動詞］**(0)** 拝見する.

ウゥジャサー wujasaa［名詞］**(0)** おじ.

ウゥティ wuti［助詞］**(1)** ～で.

ウゥトーティ wutooti［助詞］**(1)** ～で. ～において.

ウゥトゥ wutu［名詞］**(1)** 夫.

ウゥドゥイ wudui［名詞］**(1)** 踊り.

ウゥバマー wubamaa［名詞］**(0)** おば.

ウゥン wuN［動詞］**(1)** いる.

ウキユン 'ukiyuN［動詞］**(0)** 起きる.

ウグシク 'u-gushiku［名詞］**(1)** お城. 首里城.

ウサガユン 'usagayuN［動詞］**(1)** めしあがる.

ウサギユン 'usagiyuN［動詞］**(1)** さし

— 199 —

あげる.

ウシーミー 'u-shiimii［名詞］**(0)** 清明
祭.

ウシームン 'u-shiimuN［名詞］**(0)** お
吸い物.

ウシフィラカスン 'ushihwirakasuN［動
詞］**(0)** 押しつぶす. やっつける.

ウスガナシーメー 'usuganashiimee［名
詞］**(0)** 国王. 国王様.

ウスバ 'u-suba［名詞］**(0)** お側.

ウスン 'usuN［動詞］**(1)** 押す.

ウタビミシェーン 'utabi-misheeN［動詞］
(0) くださる.

ウチナー 'uchinaa［地名］**(0)** 沖縄.

ウチャク 'u-chaku［名詞］**(0)** お客.

ウチユン 'uchiyuN［動詞］**(0)** うつる.

ウットゥシージャ 'uttu-shiija［名詞］
(0) 兄弟. 姉妹.

ウットゥヌチャー 'uttu-nu-chaa［名詞］
(0) 年下の者たち. 弟・妹たち. 男
女の別はない.

ウトゥム 'u-tumu［名詞］**(0)** お供.

ウヌ 'unu［代名詞］**(1)** その.

ウファカ 'u-hwaka［名詞］**(0)** お墓.

ウフアミ 'uhu'ami［名詞］**(0)** 大雨.

ウフォーク 'uhwooku **(1)** 多く.

ウブン 'ubuN［名詞］**(0)** お食事. ご
はん. ムヌ〈食べ物〉の丁寧語.

ウミカキユン 'umikakiyuN［動詞］**(1)**
ごらんになる. お見せする.

ウミングヮ 'umiNgwa［名詞］**(0)** （よ
その家の）子.

ウムサン 'umusaN［サ形容詞］**(0)** 面
白い.

ウムユン 'umuyuN［動詞］**(0)** 思う.

ウヤ 'uya［名詞］**(0)** 親.

ウユウェー 'u-yuwee［名詞］**(0)** お祝
い.

ウリ 'uri［代名詞］**(1)** それ.

ウワイ 'uwai［名詞］**(0)** 終わり.

ウワユン 'uwayuN［動詞］**(1)** 終わる.

ウンジュ 'uNju［代名詞］**(0)** あなた.

ウンジュナー 'uNjunaa［代名詞］**(0)**
あなたがた.

ウンチケー 'uNchikee［名詞］**(0)** お連
れすること. ご案内. ご招待.

ウンナクンナ 'uNna-kuNna［代名詞］
(1) そんなこんな.

ウンヌキユン 'uNnukiyuN［動詞］**(0)**
申し上げる.

エーサチ 'eesachi［名詞］**(1)** 挨拶.

エージ 'eeji［名詞］**(0)** 合図.

カ

ガ ga［助詞］ 〜しに. 動詞の連用形（＋
i）に付く.

ガ ga［助詞］ 〜が.

ガ ga［助詞］ 〜か. 疑問の終助詞.

カー kaa［名詞］**(0)** 皮.

カイ kai［助詞］ 〜へ.

カイン kaiN［動詞］**(1)** 刈る.

カガン kagaN［名詞］**(0)** 鏡.

カーギ kaagi［名詞］**(0)** 影. 姿. 容貌.

カジ kaji［名詞］**(0)** 数.

カシマサン kashimasaN［サ形容詞］**(0)**
うるさい.

カチュー kachuu［名詞］**(0)** 鰹.

カチューブシ kachuubushi［名詞］**(1)**
鰹節.

カチュン kachuN［名詞］(0)　書く.

カナサン kanasaN［サ形容詞］(1)　いとしい.

ガナシ ganashi［接尾語］　～さん.　～様.

ガマク gamaku［名詞］(0)　腰.

カミムン kamimuN［名詞］(0)　食べ物.

カムン kamuN［動詞］(0)　食べる.

ガヤー gayaa［助詞］　～かなあ.　疑問を表わす.　疑問詞が前になくても使える.

カラ kara［助詞］　～から.　～を通って.

カラスン karasuN［動詞］(1)　貸す.
　＜借らす

カリー karii［名詞・ナ形容詞］(0)　めでたいこと.　＜嘉例

カワチュン kawachuN［動詞］(0)　乾く.

ガンジュー gaNjuu［ナ形容詞］(0)　健康.

ガンマリ gaNmari［名詞］(0)　いたずら.

キー kii［名詞］(1)　毛.

ギサン gisaN［助動詞］　～そうだ.

クー kuu (0)　チューン〈来る〉の命令形.

クィミシェーン kwi-misheeN［動詞］(0)　くださる.

クェーブー kweebuu［名詞］(1)　幸運にも食にありつくこと.

クサカイ kusakai［名詞］(0)　草刈り.

クジ kuji［名詞］(1)　釘.

クジュ kuju［名詞］(0)　去年.

クス kusu［名詞］(0)　糞.

クスイ kusui［名詞］(0)　薬.

クースン kuusuN［動詞］(0)　壊す.

クダイ kudai［名詞］(1)　下り.

クトゥ kutu［助詞］　～から.　～ので.

～したところ.

クトゥ kutu［名詞］(0)　事.

グトーン gutooN［助動詞］(1)　～のようだ.

クヌ kunu［代名詞］(1)　この.

クバ kuba［名詞］(1)　蒲葵.

クーブ kuubu［名詞］(0)　昆布.

グブリー gu-burii［名詞］(0)　失礼.
　＜御無礼

クマ kuma［代名詞］(1)　ここ.　こちら.

クラサン kurasaN［サ形容詞］(1)　暗い.

クリ kuri［代名詞］(1)　これ.

クリカー kuri-kaa［名詞］(0)　この辺り.

グリージ gu-riiji［名詞］(0)　お礼.

クーワ kuuwa (0)　チューン〈来る〉の命令形.

グヮー gwaa［指小辞］　小さいものや愛らしいものに付ける指小辞.

クヮーシ kwaashi［名詞］(0)　菓子.

クヮッチー kwacchii［名詞］(0)　ごちそう.

クヮフー kwahuu［ナ形容詞］(0)　幸運.

クーン kuuN (0)　チューン〈来る〉の否定形.

クングトゥ kuNgutu (0)　こんなふうに.

クンドゥ kuNdu［名詞］(1)　今度.　今年.

ケーン keeN　～回.

コーユン kooyuN［動詞］(1)　買う.

サ

サ sa［助詞］　～よ.

サイ sai［接尾語］　語の後に付けて丁寧の意味を添える.　男性が使うときは～サイ sai, 女性が使うときは～タ

イ tai.

サージャー saajaa［名詞］**(1)** 鷺（さぎ）.

サーニ saani **(1)** スン〈する〉のアーニ形.

サーニ saani［助詞］**(1)** 〜で.

サバ saba［名詞］**(1)** 草履.

サビーン sabiiN **(1)** スン〈する〉の丁寧形.

サビラ sabira **(1)** 〜しましょう. スン〈する〉の丁寧形サビーンの志向形.

サン saN **(1)** スン〈する〉の過去形.

サン saN **(1)** スン〈する〉の否定形.

サンシン saNshiN［名詞］**(1)** 三線. 沖縄三味線.

シ shi［助詞］「もの・こと」を表わす準体助詞. 共通語の「の」.

シェー shee **(1)** 〜のは. ←シ＋ヤ

シェー shee **(1)** スン〈する〉の命令形.

シガ shiga［助詞］ 〜だが, 〜だけれど. 逆接の接続助詞.

シクチ shikuchi［名詞］**(1)** 仕事.

シコーイ shikooi［名詞］**(1)** 準備.

シコーユン shikooyuN［動詞］**(1)** 準備する.

シシ shishi［名詞］**(0)** 肉.

シチャ shicha［名詞］**(1)** 下.

シディニ shidini［副詞］**(0)** すでに.

シトゥ shitu［名詞］**(1)** 舅・姑.

シナ shina［名詞］**(1)** 砂.

シヌン shinuN［動詞］**(1)** 死ぬ.

シーブン shiibuN［名詞］**(1)** おまけ.

シマスン shimasuN［動詞］**(0)** 済ます.

シミ shimi［名詞］**(0)** 墨.

シミユン shimiyuN（シミーン shimiiN）［助動詞］**(1)** 〜させる.

シムン shimuN［動詞］**(0)** いい. ＜元来は「済む」の意. そこから「承諾」の意味も表わすようになった.

ジャーマ ウチチリユン jaama 'uchichiriyuN 道に迷う.

シユン shiyuN［動詞］**(1)** 知る.

ジョージ jooji［ナ形容詞］**(0)** 上手.

ジョートー jootoo［ナ形容詞］**(0)** 上等. すばらしい. よい.

ジル jiru［疑問詞］**(0)** どれ.

ジン jiN［名詞］**(0)** 銭. お金.

シンシー shiNshii［名詞］**(1)** 先生.

スガイマヌガイ sugai-manugai［名詞］**(0)** 準備万端.

スーク suuku［名詞］**(0)** 証拠.

スグユン suguyuN［動詞］**(0)** 殴る.

スーヂューサン suujuusaN［サ形容詞］**(0)** 塩辛い. ＜塩強さ

スバ suba［名詞］**(0)** 沖縄そば.

スムチ sumuchi［名詞］**(0)** 本. ＜書物

スン suN［助動詞］ 〜させる.

スン suN［動詞］**(1)** する.

ソー soo［名詞］**(0)** 竿.

ソーキ sooki［名詞］**(0)** ざる.

ソーン sooN **(1)** スン〈する〉の継続形.

タ

ター taa［疑問詞］**(1)** 誰.

ター taa［接尾語］ 達.

ダー daa［感嘆詞］**(1)** おい. どれ. ほら.

タイ tai［名詞］**(1)** 二人.

タイ tai［接尾語］ 語の後に付けて丁寧の意味を添える. 女性が使う. 男

— 202 —

性が使う場合はサイ.

ダイムイ daimui［名詞］(1)　体がだる
　いこと.

タシユン tashiyuN［動詞］(0)　炒める.

ターチュー taachuu［名詞］(0)　ふたご.

タチュン tachuN［動詞］(0)　立つ.

タッター tattaa［疑問詞］(0)　誰々（複
　数形）.

ダテーン dateeN［副詞］(0)　かなり.
　だいぶ.

タマシ tamashi［名詞］(1)　役目.

タムン tamuN［名詞］(0)　薪.

ターリー taarii［名詞］(0)　父.

ダルサン darusaN［サ形容詞］(0)　だ
　るい.

ダレーナイビラン daree-naibiraN　〜し
　なければなりません.

ダレーナラン daree-naraN　〜しなけれ
　ばならない.

タンメー taNmee［名詞］(0)　祖父.

チー chii［名詞］(1)　気.

チカナユン chikanayuN［動詞］(0)　養う.
　飼う.チカナインとも.

チキユン chikiyuN［動詞］(0)　付ける.

チチグトゥ chichigutu［名詞］(1)　聞
　き惚れるほど素晴らしいもの.＜聞
　き事

チナ china［名詞］(0)　綱.

チヌー chinuu［名詞］(0)　昨日.

チーベーサン chiibeesaN［サ形容詞］
　(1)　気が短い.＜気早さ

チム chimu［名詞］(0)　肝.心.

チムヂューサン chimujuusaN［サ形容詞］
　(0)　心強い.＜肝強さ

チャー chaa［疑問詞］(1)　どう.＜如
何

チャー chaa［副詞］(0)　いつも.

チャーニ chaani (0)　チューン〈来る〉
　のアーニ形.

チャービーン chaabiiN (0)　チューン〈来
　る〉の丁寧形.

チャッサ chassa［疑問詞］(0)　どれだけ.
　いくら.

チャッピ chappi［疑問詞］(0)　どれほど.

チャヌ chanu［疑問詞］(1)　どの.ど
　のような.＜如何の

チャヌアタイ chanu-'atai［疑問詞］(0)
　どれほど.

チャン chaN (0)　チューン〈来る〉の
　過去形.

チュイ chui［名詞］(0)　一人.

チュイングヮ chuiNgwa［名詞］(0)　一
　人っ子.

チュー chuu［名詞］(0)　今日.

チューウガナビラ chuu-wuganabira
　こんにちは.＜今日拝み侍ら（む）

チューン chuuN［動詞］(0)　来る.

チュクユン chukuyuN［動詞］(0)　作る.

チュトゥクル chu-tukuru［名詞］(0)
　お一人.一か所.

チュラサン churasaN［サ形容詞］(0)
　美しい.

チユン chiyuN［動詞］(1)　着る.

チョーデー choodee［名詞］(0)　兄弟.

チョーン chooN (0)　チューン〈来る〉
　の継続形.

チラ chira［名詞］(0)　顔.＜つら

チリビラ chiribira［名詞］(0)　ニラ.

チンナン chiNnaN［名詞］(0)　かたつ
　むり.

ッウィーユン 'wiiyuN［動詞］(1) 植
　える.

ッウィーリキサ 'wiirikisa (0) 面白さ.
　興味深さ.

ックヮ kkwa［名詞］(1) 子.

ッサー ssaa［助詞］ ～よ.

ッシ sshi (1) スン〈する〉のテ形.

ッシ sshi (1) スン〈する〉の命令形.

ッシ sshi［助詞］(1) ～で.

ッシェー sshee ～では. ～によっては.
　～しては. ←ッシ＋ヤ

ッタン ttaN リユン〈～される〉の過
　去形.

ッチ cchi (0) チューン〈来る〉のテ形.

ッチュ cchu［名詞］(1) 人.

ッヤー 'yaa［代名詞］(1) お前. 君.

ッヤーニ 'yaani (1) ッユン〈言う〉の
　アーニ形.

ッヤビーン 'yabiiN (1) ッユン〈言う〉
　の丁寧形.

ッヤン 'yaN (1) ッユン〈言う〉の否定
　形.

ッユン 'yuN［動詞］(1) 言う.

ッワー 'waa［名詞］(0) 豚.「ゐ」(猪)
　に由来するとの説あり.

ッワーチチ 'waachichi［名詞］(1) 天気.

ッンジ 'Nji (1) イチュン〈行く〉のテ
　形.

ッンジャスン 'NjasuN［動詞］(0) 出す.

ッンジャン 'NjaN (1) イチュン〈行く〉
　の過去形.

ッンジョーン 'NjooN (1) イチュン〈行
　く〉の継続形.

ッンブシー 'Nbushii［名詞］(0) 蒸し煮.

ッンマ 'Nma［代名詞］(1) そこ.

ッンミー 'Nmii［名詞］(0) 姉. 姉さん.

ッンム 'Nmu［名詞］(0) 芋. サツマ
　イモ.

ッンメー 'Nmee［名詞］(0) 祖母. お
　ばあさん.

デー dee［名詞］(0) 台.

ティー tii［名詞］(0) 手.

ティガネー tiganee［名詞］(0) 手伝い.

ディキユン dikiyuN［動詞］(0) 出来る.
　上手い.

ディッパ dippa［副詞］(0) 立派に.

ティデーユン tideeyuN［動詞］(0) ご
　ちそうする.

ティーニーサン tiiniisaN［サ形容詞］
　(0) 手がのろい.

ディヌ di-nu ～という.

ティラムン tira-muN ～たる者.

ティンチ tiNchi［名詞］(1) 天気.

デークニ deekuni［名詞］(0) 大根.

デービル deebiru (1) ～です. ～でご
　ざいます.

トー too［感嘆詞］(1) ほら. よし.

ドー doo［助詞］(0) ～よ.

トートー tootoo［感嘆詞］(0) よしよし.
　ほらほら.

ドゥ du［助詞］ 強意の係助詞. 文末
　を用言の連体形で係り結ぶ.

トゥ tu［助詞］ ～と.

トゥイ tui［名詞］(1) 鳥. 鶏.

トゥイムチュン tuimuchuN［動詞］(0)
　もてなす. とりもつ.

ドゥー duu［名詞］(0) 体. 自分.
　＜胴

ドゥーアンマサン duu'aNmasaN［サ形
　容詞］(0) 体の具合が悪い.

— 204 —

トゥーサン tuusaN［サ形容詞］**(1)** 遠い.

トゥジ tuji［名詞］**(1)** 妻.

トゥチ tuchi［名詞］**(0)** 時.

ドゥーチュイムニー duuchuimunii［名詞］**(0)** 独り言. <胴一人物言い

トゥッシ tusshi［助詞］ ～として.

トゥーナー tuunaa［名詞］**(1)** ツナ.

トゥメーユン tumeeyuN［動詞］**(0)** 捜し求める.

トゥユン tuyuN（トゥイン tuiN）［動詞］**(0)** 取る.

トゥーユン tuuyuN［動詞］**(0)** 通る.

トゥーユン tuuyuN［動詞］**(1)** 問う.

トゥラシ turashi **(0)** ～してくれ. 目下の人に対して使う. トゥラスンの命令形.

トゥラスン turasuN［動詞］**(0)** やる.

ドゥンドゥントゥ duNduN-tu **(1)** ぼやぼやと. うかうかと.

ナ

ナ na［助詞］ ～しよう. ～したい. 希望を表わす終助詞.

ナー naa［助詞］**(0)** ～の? 問いかけ・念押しを表わす終助詞.

ナー naa［副詞］**(1)** もう. もはや.

ナー naa［名詞］**(1)** 名.

ナカイ nakai［助詞］ ～へ. ～に.

ナカミ nakami［名詞］**(0)** 臓物（主として豚の腸）.

ナギナ nagina［助詞］ ～ながら. 逆接の助詞. 動詞の連用形に付く.

ナスン nasuN［動詞］**(0)** 産む.

ナーダ naada［副詞］**(0)** まだ.

ナーチャ naacha［名詞］**(1)** 翌日.

ナチュン nachuN［動詞］**(1)** 泣く.

ナービ naabi［名詞］**(0)** 鍋.

ナーベーラー naabeeraa［名詞］**(0)** ヘチマ.

ナマ nama［名詞］**(1)** 今.

ナユン nayuN［動詞］**(0)** なる.

ナラブン narabuN［動詞］**(1)** 並ぶ.

ナレーカタ nareekata［名詞］**(0)** 習慣. いつもの行動. <習い方

ニークター niikutaa［副詞］**(1)** 煮えてくたくたになる様子.

ニーケー niikee［名詞］**(0)** 二階.

ニジリ nijiri［名詞］**(1)** 右. <みぎり

ニチ nichi［名詞］**(0)** 熱.

ニチハカヤー nichihakayaa［名詞］**(0)** 体温計.

ニヌファブシ ninuhwabushi［名詞］**(0)** 北極星. <子（ね）の方星

ニービチ niibichi［名詞］**(0)** 結婚.

ニフェーデービル nihwee-deebiru ありがとうございます.

ニンジュン niNjuN［動詞］**(1)** 寝る.

ヌ nu［助詞］ ～の. ～が.

ヌー nuu［疑問詞］**(0)** 何.

ヌーガナ nuugana［名詞］**(1)** 何か.

ヌギユン nugiyuN［動詞］**(1)** 逃げる.

ヌチャー nu-chaa［接尾語］ ～達.

ヌーディー nuudii［名詞］**(0)** 喉.

ヌブユン nubuyuN［動詞］**(1)** 上る. 登る.

ヌムン numuN［動詞］**(0)** 飲む.

ヌーンチ nuuNchi［疑問詞］**(0)** どうして.

ネー nee［助詞］ ～すると. ～すると

きに．動詞の連用形（＋i）に付く．

ネー nee　〜には．←ニ＋ヤ

ネーヤビラン neeyabiraN (1)　ありません．ネーン〈無い〉の丁寧形．

ネーヤビラン neeyabiraN (1)　（動詞テ形に付いて）〜してしまいました．

ネーラン neeraN（ネーン neeN）(0)　無い．

ネーラン neeraN（ネーン neeN）(0)　（動詞テ形に付いて）〜してしまった．

ノータグヮー noota-gwaa (0)　少しばかり．わずか．

ハ

ハー haa［名詞］(0)　歯．

ハカユン hakayuN［動詞］(0)　計る．

バス basu［助詞］　〜するときに．動詞連体形や名詞＋ヌに付く．空間を表わす「ばしょ（場所）」が，時間を表わす助詞に変化したもの．

ハチャー hachaa［名詞］(1)　蜂．

ハッサミヨー hassamiyoo［感嘆詞］(1)　おやまあ．あきれかえったときなどに発する語．

バッペーユン bappeeyuN［動詞］(0)　間違う．

ハナフィチ hanahwichi［名詞］(1)　風邪．

ハリユン hariyuN［動詞］(0)　晴れる．

ハル haru［名詞］(0)　畑．

ビケーン bikeeN［助詞］　〜ばかり．

ビチー bichii　〜すべきである．

フィー hwii［名詞］(0)　火．

フィーサン hwiisaN［サ形容詞］(0)　寒い．

フィジ hwiji［名詞］(0)　返事．

フィージャー hwiijaa［名詞］(0)　山羊．

フィジャイ hwijai［名詞］(0)　左．

フィチサガユン hwichisagayuN［動詞］(1)　空腹で元気がなくなる．

フィチュン hwichuN［動詞］(1)　弾く．

フィッチー hwicchii［名詞］(0)　1日．

フィマ hwima［ナ形容詞］(1)　暇．

フェーサン hweesaN［サ形容詞］(0)　早い．速い．

フェーユン hweeyuN［動詞］(0)　流行る．

ブサン busaN［助動詞］　〜したい．

フシ hushi［名詞］(1)　星．

フタウヤ huta'uya［名詞］(1)　両親．

フディ hudi［名詞］(1)　筆．

フニ huni［名詞］(0)　舟．

フリアシビ huri'ashibi［名詞］(1)　遊びほうけること．＜惚れ遊び

ホーチュー hoochuu［名詞］(0)　料理．

マ

マー maa［疑問詞］(0)　どこ．

マギサン magisaN［サ形容詞］(0)　大きい．

マクトゥ makutu［ナ形容詞］(0)　本当．＜誠

マーサン maasaN［サ形容詞］(0)　うまい．おいしい．

マシ mashi［ナ形容詞］(1)　良くなること．良い方．

マジュン majuN［副詞］(1)　一緒に．

マチグヮー machi-gwaa［名詞］(0)　市場．

マチヤ machiya［名詞］(1)　お店．

マチュン machuN ［動詞］ **(0)** 待つ.

マットーバ mattooba ［副詞］ **(1)** まっすぐ.

マディ madi ［助詞］ 〜まで.

マーユン maayuN ［動詞］ **(1)** 回る.

マルケーティ marukeeti **(0)** たま.

マルケーティナーヤ marukeeti-naa-ya たまには.

マンドーン maNdooN **(0)** たくさんいる. もっぱら継続形で用いる.

ミ mi ［助詞］ 〜か. 疑問の終助詞.

ミー mii ［名詞］ **(0)** 目.

ミアティ miati ［名詞］ **(0)** 目当て. 目印. 頼り.

ミーウシェーイ mii'usheei ［名詞］ **(0)** 軽蔑. 見くびること.

ミークニ miikuni ［副詞］ **(1)** 新しく.

ミジ miji ［名詞］ **(1)** 水.

ミシェータン misheetaN ミシェーン 〈〜なさる〉のショッタ形.

ミシェービーン misheebiiN ［助動詞］ 〜なさいます.

ミシェービタン misheebitaN ミシェービーン 〈〜なさいます〉の過去形.

ミシェービータン misheebiitaN ミシェービーン 〈〜なさいます〉のショッタ形.

ミシェービティ misheebiti ミシェービーン 〈〜なさいます〉のテ形.

ミシェービラン misheebiraN ミシェービーン 〈〜なさいます〉の否定形.

ミシェービランタン misheebiraNtaN ミシェービーン 〈〜なさいます〉の過去・否定形.

ミシェーン misheeN ［助動詞］ 〜なさる.

ミジラサン mijirasaN ［サ形容詞］ **(0)** めずらしい.

ミソーチ misoochi ミシェーン 〈〜なさる〉のテ形.

ミソーチャン misoochaN ミシェーン 〈〜なさる〉の過去形.

ミソーラン misooraN ミシェーン 〈〜なさる〉の否定形.

ミソーランタン misooraNtaN ミシェーン 〈〜なさる〉の過去・否定形.

ミーチュー miichuu ［名詞］ **(0)** 三つ子.

ミチュン michuN ［動詞］ **(0)** 満ちる.

ミートゥ miitu ［名詞］ **(0)** 夫婦.

ミートゥンダ miituNda ［名詞］ **(0)** 夫婦.

ミートゥンダワカリ miituNdawakari ［名詞］ **(0)** 離婚.

ミミガー mimigaa ［名詞］ **(0)** 豚の耳皮. その料理をもいう.

ミーユン miiyuN ［動詞］ **(0)** 生える.

ムーク muuku ［名詞］ **(0)** 婿.

ムーチー muuchii ［名詞］ **(0)** 餅.

ムチュン muchuN ［動詞］ **(0)** 持つ.

ムヌ munu 〜よ.

ムヌ munu ［名詞］ **(0)** 食べ物. ふつうの物をさすときは「ムン」.

ムヌイー munu'ii ［名詞］ **(0)** 文句.

ムヌクェーヂク munukweejuku ［名詞］ **(0)** 食べていくこと. 口に糊すること. ＜もの食らい尽く

ムル muru ［副詞］ **(1)** 全部. 全く. ＜諸（もろ）

ムン muN ［助詞］ **(0)** 〜よ.

ムン muN ［名詞］ **(0)** 物.

ムンヌ muNnu 〜だのに. 〜よ.

メー mee［名詞］**(0)** 前.

メーナチ meenachi［副詞］**(0)** 毎日.

メンシェービーン meNsheebiiN **(1)** メンシェーン〈いらっしゃる〉の丁寧形.

メンシェーン meNsheeN［動詞］**(1)** いらっしゃる.

ヤ

ヤ ya［助詞］ ～は.

ヤー yaa［助詞］**(1)** ～ね.

ヤー yaa［名詞］**(0)** 家.

ヤイビーン yaibiiN **(1)** ～です.

ヤカ yaka［助詞］ ～より. 比較を表わす.

ヤクトゥ yakutu［接続詞］**(1)** だから.

ヤシェー yashee［名詞］**(0)** 野菜.

ヤシガ yashiga［接続詞］**(1)** しかし. そうではあるが.

ヤチュン yachuN［動詞］**(0)** 焼く.

ヤッサン yassaN［サ形容詞］**(0)** 安い.

ヤッチー yacchii［名詞］**(0)** 兄. 兄さん.

ヤマトゥ yamatu［名詞］**(0)** 沖縄以外の日本を指す.

ヤミ ya-mi ～であるか. ←ヤン＋i

ヤムン yamuN［動詞］**(0)** 痛む. 形容詞「痛い」にあたる形は使わず, 動詞「やむ」で痛みを表現する.

ヤラスン yarasuN［動詞］**(1)** 遣らせる. 行かせる.

ヤレー yaree ～であれば.

ヤン yaN **(1)** ～である. そうである.

ヤーン yaaN［名詞］**(0)** 来年.

ヤンディ yaN-di ～であると. ←ヤン＋ンディ

ヤンメー yaNmee［名詞］**(0)** 病気.

ユイ yui［名詞］**(0)** 理由. ＜ゆゑ

ユーサイネー yuusai-nee **(1)** 言うなれば.

ユシリユン yushiriyuN［動詞］**(1)** 参る.

ユスタニン yusu-taniN［名詞］**(0)** 他人.

ユースン yuusuN［助動詞］ ～ことができる.

ユタサン yutasaN［サ形容詞］**(0)** よろしい.

ユーバン yuubaN［名詞］**(0)** 夕食.

ユービ yuubi［名詞］**(0)** 夕べ.

ユミ yumi［名詞］**(1)** 嫁.

ユムン yumuN［動詞］**(0)** 読む.

ユル yuru［名詞］**(0)** 夜.

ラ

リユン riyuN（リーン riiN）［助動詞］ ～れる. ～られる.

ル ru 係助詞ドゥの音が転化した語.

ワ

ワー waa［名詞］**(0)** 私. 私の.

ワカユン wakayuN［動詞］**(0)** 分かる.

ワシユン washiyuN［動詞］**(1)** 忘れる.

ワタ wata［名詞］**(0)** お腹.

ワッサン wassaN［サ形容詞］**(0)** 悪い.

ワッター wattaa［代名詞］**(0)** 私たち.

ワドゥ wadu［助詞］ ～こそ. 動詞の基本語幹＋iについて強調を表わす.

ワラビ warabi［名詞］**(0)** 子ども. 童.

ワラユン warayuN（ワライン waraiN）［動詞］**(1)** 笑う.

— 208 —

ワン waN［代名詞］**(0)** 私.

ワンニン waN-niN **(0)** 私も.

ワンネー waN-nee **(0)** 私は.

ン

ン N［助詞］ 〜も.

ンカイ Nkai［助詞］ 〜に. 方向を表

わす.

ンジ Nji［助詞］ 〜で.

ンジュン NjuN［動詞・補助動詞］**(0)**
見る. 〜してみる.

ンチャ Ncha［感嘆詞］**(1)** なるほど.
やっぱり. 予想通りだ.

ンディ Ndi［助詞］ 〜と. 引用の助詞.

ンナ Nna［名詞］**(1)** 皆.

主要参考文献

『医学沖縄語辞典』 稲福盛輝（編著）加治工真市（監修） 1992　ロマン書房本店

『石垣方言辞典』宮城信勇（著）加治工真市（監修） 2003　沖縄タイムス社

『うちなあぐち考』 野原三義 1992　沖縄タイムス社

『うちなぁぐちフィーリング』 儀間進 1987　沖縄タイムス社

『美しい沖縄の方言①』 船津好明（著）中松竹雄（監修） 1988　技興社

『沖縄伊江島方言辞典』 生塩睦子 1999　伊江村教育委員会

『沖縄演劇の魅力』 大城立裕 1990　沖縄タイムス社

『沖縄古語大辞典』 沖縄古語大辞典編集委員会（編） 1995　角川書店

『沖縄語辞典』 国立国語研究所（編） 1963　大蔵省印刷局

『沖縄ことばの散歩道』 池宮正治 1993　ひるぎ社

『沖縄ことわざ事典』 仲井真元楷 1971　月刊沖縄社

『沖縄コンパクト事典』 琉球新報社（編） 1999

『沖縄大百科事典』（全 3 冊） 沖縄タイムス社（編） 1983

『沖縄今帰仁方言辞典』 仲宗根政善 1983　角川書店

『沖縄民俗薬用動植物誌』 飛永精照（監修）前田光康・野瀬弘美（編） 1989　ニライ社

『おもろさうしの国語学的研究』 高橋俊三 1991　武蔵野書院

『カラー　沖縄の伝説と民話』 川平朝申（校閲）金城安太郎・安室二三雄（さしえ）佐久田繁・神谷明仁（編著） 1973　月刊沖縄社

『聞き書　沖縄の食事』「日本の食生活全集　沖縄」編集委員会（編） 1988　農山漁村文化協会

『金城朝永全集（上巻）』 金城朝永 1974　沖縄タイムス社

『講座方言学 10　沖縄・奄美地方の方言』 飯豊毅一・日野資純・佐藤亮一（編） 1984　国書刊行会

『校註　琉球戯曲集　復刻版』 伊波普猷 1992 [1929] 解題・当間一郎 榕樹社

『校本おもろさうし』 仲原善忠・外間守善 1965　角川書店

『新訂増補　沖縄芸能史話』 矢野輝雄 1993　榕樹社

『新編　琉球方言助詞の研究』 野原三義 1998　沖縄学研究所

『図説　琉球語辞典』 中本正智 1981　力富書房金鶏社

『全国の伝承　江戸時代　人づくり風土記　聞き書きによる知恵シリーズ （47）ふるさとの人と知恵　沖縄』 組本社（編） 1993　農山漁村文化協会

『名護の民話』 名護市史編さん室（編） 1989　名護市教育委員会

『那覇市史　資料篇第2巻中の7　那覇の民俗』1979　那覇市企画部市史編集室
『日本国語大辞典』（全20巻）　1976　小学館
『日本語の世界9　沖縄の言葉』　外間守善　1981　中央公論社
『日本のことばシリーズ　沖縄県のことば（北琉球）』　平山輝男（編）　1997　明治書院
『日本方言　音韻総覧　付　方言音節引き索引』　上野善道（編）　1989　小学館
『日本民謡大観（奄美・沖縄）八重山諸島編』　日本放送協会（編）　1989
『日本民謡大観（奄美・沖縄）宮古諸島編』　日本放送協会（編）　1990
『標音評釈　琉歌全集』　島袋盛敏・翁長俊郎　1968　武蔵野書院
『琉球舞踊入門』　宜保栄治郎　1979　那覇出版社
『琉球方言の古層』　名嘉真三成　1992　第一書房
『琉球方言文法の研究』　内間直仁　1984　笠間書院

［あとがき］

御礼儀　ウンヌキヤビーン〈お礼申し上げます〉.

　ねばり強く沖縄語を指導してくださった伊狩典子先生. たえず適切な助言をくださり, 私たちを励ましてくださった中島由美先生. お二人のご協力のおかげで, このような形にまとめることができました.

　CD録音のためにいろいろとご尽力くださった中録新社の加藤仁さん. CDの音源を提供してくださったラジオ沖縄の方々.

　そして, この本の構成と編集を担当され, あたたかく, きびしいまなざしで出版まで導いてくださった白水社の渋谷茂さん.

　イッペー　ニフェーデービル.

西岡敏・仲原穣

［音声DL版に際して］

　『沖縄語の入門―たのしいウチナーグチ―』も初版以来、重版をかさね、今回、音声のDL（ダウンロード）版となるに至った。2000年の初版では「別売CD」、2006年改訂版では「CD付」であった音声も今回の「DL版」で、より身近で手軽に音声を聞けるようになった。その間、琉球文化・琉球語をめぐっては様々な動きがあった。そんななか、本書が長らく重版を続けられていることは、全くもって嬉しいかぎりである。当時、ウチナーグチの一言一句を丁寧に見てくださり、豊かな表現を示してくださった伊狩典子先生（沖縄語首里方言話者）に再度感謝の気持を送りたい。また、定年後に琉球古典音楽の歌三線（ウタサンシン）や胡弓（クーチョー）を極めようとされている中島由美先生にも拍手を送りたい。今回のDL版には、白水社編集部の西川恭兵さんに大変お世話になった。

　イッペー　ニフェーデービル！

西岡敏・仲原穣

─────────── 音声 ───────────

本文頭出し番号の部分が録音されています.

◆吹込者：伊狩典子　富名腰久雄

◆制作：中録新社　◇音源提供　**DL** 20-27, 35　ラジオ沖縄　**DL** 28
キングレコード　**DL** 33-34　地方民間放送共同制作協議会火曜会 http://
www.radio.or.jp　「録音風物誌」

著者・協力者略歴

西岡　敏（にしおか　さとし）
　　1968 年奈良県生まれ. 沖縄国際大学教授. 文学博士.

仲原　穣（なかはら　じょう）
　　1969 年沖縄県生まれ. 沖縄国際大学・沖縄県立芸術大学・沖縄大学他非常勤講師.

伊狩　典子（いかり　ふみこ）
　　1931 年沖縄県生まれ. 元方言キャスター.

中島　由美（なかじま　ゆみ）
　　1951 年東京都生まれ. 一橋大学名誉教授. 言語学専攻.

沖縄語の入門［音声 DL 版］
―たのしいウチナーグチ―

2024 年 9 月 5 日　印刷
2024 年 9 月 30 日　発行

著　者 ©　西　岡　　　敏
　　　　　仲　原　　　穣

発行者　岩　堀　雅　己
印刷所　富士リプロ株式会社
発行所　株 式 会 社 白 水 社

101-0052 東京都千代田区神田小川町 3 の 24
電話 03-3291-7811（営業部）, 7821（編集部）
www.hakusuisha.co.jp
乱丁・落丁本は送料小社負担にてお取り替えいたします.

振替　00190-5-33228　　　　　Printed in Japan　　　　　誠製本株式会社

ISBN978-4-560-09992-6

▷本書のスキャン、デジタル化等の無断複製は著作権法上での例外を
除き禁じられています。本書を代行業者等の第三者に依頼してスキャ
ンやデジタル化することはたとえ個人や家庭内での利用であっても著
作権法上認められていません。